「社恐人」也要站

站C位的日常交際術！

輕鬆表達、化解尷尬、打打圓場、幽默應對
——— 就算你是天生內向， ———
也可以用這本書讓交際變成你的強項！

吳載昶，王金峰 編著

笑話都只有自己能聽懂、無法融入小圈圈、下班後各自不聯絡……
你還想繼續躲在人際舒適圈多久？
這是一本「社恐族」都該隨身攜帶的社交小筆記！

目錄

目錄

第五章　人際交往的圓融策略

目錄

第六章　人際交往的誠信寶典

第七章　同學關係處理祕訣

第八章　和老師相處的訣竅

目錄

前言

　　在您的生活和工作中，是不是經常會出現這樣的情形：見到陌生人不敢說話或不會說話；人多的時候，總是向後躲藏，不想與人來往；開會的時候，從來不會坐到前排，當主持人要求發言時，也不敢主動站起來發表自己的看法。

　　如果您也有這些心理，說明您是職場小白、社交場合的菜鳥，需要在日常生活中提升自己的人際交往能力。那麼，您如何才能在人多的時候不怯場，開會的時候勇於發言呢？建議您靜靜閱讀完這本書吧！

　　本書運用社會心理學、普通心理學、社會學、公共關係學、行為科學等知識和方法，以通俗易懂的語言編輯而成的，它能指引您在人際交往過程中，透過科學的方法，展現您的社交和人格魅力，輕而易舉地贏得他人的好感，取得事業的成功。

　　本書會教您與人見面時的基本禮節、禮貌用語、口才訓練、克服羞怯等多方面的心理學知識，使您輕鬆掌握與人交際的技巧，擺脫交際困境。

　　人類要生存發展，就離不開人際交往，交際會對您的工作和生活產生重大影響。在公開場合，能侃侃而談、風趣幽默的人，必然能在事業上有一定的作為；而說話結結巴巴，前言不答後語的人，則很難受到重用。

　　因為善於言談者，交際能力強，能表達自己的想法，可以把自己對成功和財富的渴求表達出來，獲得上司的青睞；而說話木訥、不俐落的人，誰也不知道他心中想的是什麼、他們想得到什麼。所以，上司也無

從幫助和提攜他們，自然也就難以得到賞識和晉升。

因此，提升您的交際能力，能夠大大地拓展您的朋友圈和交際圈，增加您的人脈，使您在工作和生活中得到領導者和貴人的重視，得到朋友的幫助，使您大展宏圖，獲得事業和人生的快速發展。

您想學會人際交往的本領嗎？您想讓自己變成富人和成功人士嗎？我們在這裡熱情為您奉上本書。

本書將理論與實踐相結合，科學性與技巧性融於一體，透過一些成功案例和仔細講解，為您展示從「社交恐懼」到「社交達人」的奧祕，使您從一個社交小白變身交際達人，非常具有實用性和操作性。只要您堅持閱讀、認真訓練，您就能在人際交往的過程中，瀟灑應對、見機行事，成為這個行業的佼佼者。

第一章　從「社交恐懼」到「社交達人」

　　現代社會，很多人因為害怕社交，罹患了社交恐懼症。其實，沒有人是一座孤島。擁有適當而舒適的社交活動，是每個人都有的需求。在交際中，我們如果能準確地摸準對方的「脈」，見機行事、對症下藥，便能從「社交恐懼」到「社交達人」，成為社交的佼佼者。

人活著就離不開交際

世界上的萬物都是相互依賴的，生命的整體都相互依存，人類生存離不開人與人之間的相互交往。印度哲人奧修在《生命的真意》一書中寫道：

每一樣東西都依賴其他東西。當你看著一朵玫瑰花時，你感到快樂，你的快樂是玫瑰花創造的。現在科學家已經證明，當你快樂時，玫瑰花也感到快樂。如果你愛玫瑰花，它就會長得更快，它就會開出更大的花來，因為有人在關心它，在愛它，在看它；如果沒有人愛它，它就不會快樂，也不會開出這麼大的花朵。

如果你能讓一朵鮮花快樂，不去隨意折毀它，那麼鮮花也會讓你快樂，在你苦悶煩惱時，為你送上一縷醉人的馨香。

如果你能讓一隻小鳥快樂，不去殘忍地殺死牠，那麼小鳥也會讓你快樂，在每天霞光映透窗櫺時，為你輕輕彈奏一段樂曲。有這樣一個故事：

一位女教師到身障學校講課時掉了錢包，遇到這種事的人多數都會不高興。

但這位女教師卻說：「雖然掉錢不是一件開心的事情，但是一想到我掉了錢，肯定會有人撿到，那麼撿到錢的人一定會快樂。我知道有人在快樂，所以我也就快樂了。」

不久，撿到錢包的那個身障學生拄著枴杖來送還給她錢包，女教師的一份快樂變成兩份快樂了。

我們都是互相依存的，不管我們認不認識，是不是陌生人。所以，對待別人要用一顆寬容而又快樂的心。在別人因為我們而快樂的時候，

我們自己也成了一個快樂的人。

每天早晨在上班尖峰時段，很多公車裡都擠得滿滿的，一點縫隙也沒有。有時，我們會聽到一些吵架的聲音，誰抱怨誰踩到他的腳，誰說誰擠到他了。其實大家緊緊地擁擠在一起，只是因為我們要生存。

大家都是為了同一個目的，都是去上班。如果彼此能寬容一些，不愉快的事情就不會發生了。千千萬萬的人都是相互依賴的，你給別人一個煩惱，別人也會還你一個煩惱。反之，你送別人一個快樂，別人也會贈你一個快樂。

在公司裡，如果哪天我們心情特別好，就會發現平時不那麼喜歡的同事，也變得很可愛了，於是你可能會想多跟他說幾句話，對他笑一笑。你對他熱情，他自然也熱情地回應你，這樣兩個人都會感到心情很愉快。

有時走在寂靜無人的街上，如果看到旁邊有一個人走過，心裡就會泛起一股有了依靠的感覺，好像是有人與自己同路。

上班或下班時，總是擁擠地搭公車，覺得很煩，但心裡同樣會有一種感覺，我們大家都在做相同的事，並不是只有我一個人在辛苦。看看別人，想想自己，覺得我們確實是互相依賴的人類。

既然大家都彼此需要，那麼我們就應該彼此溫暖。用善良的心去對待別人，用真誠的態度去與人交往。別人得到快樂，我們也會快樂；別人得到幸福，我們也會幸福。

測測自己的交際能力

在日常生活中，我們總是要待人處世，那麼，你覺得自己待人處世的能力如何呢？那就來做下面這個有趣的測試題吧！

希望你根據自己的測試結果，針對自己的缺點，逐步克服、不斷完善、努力改變，讓自己最終變成一個懂得處世的陽光青少年哦！

(1) 在電影院裡，你的鄰座旁若無人地講話，你感到討厭，該怎麼辦？（　　）

A. 希望別人會向這個人提意見。

B. 大聲指責他們。

C. 請服務人員來干涉他們。

D. 有禮貌地請對方不要講話。

(2) 你家有急事，想向老師請假回家，老師不了解情況，不准假，你該怎麼辦？（　　）

A. 人在看書，心中卻在埋怨。

B. 不辭而別。

C. 和老師鬧彆扭。

D. 向老師再次說明家中情況。

(3) 當你在埋頭處理一件急事，一個朋友上門來找你傾訴苦悶，你該怎麼辦？（　　）

A. 放下手中的工作，耐心傾聽。

B. 顯得很不耐煩。

C. 似聽非聽，還在想自己的事情。

D. 向他解釋，另約時間。

（4）在公車上，你無意間踩了他人一腳，他人對你罵個不停，你該怎麼辦？（　　）

A. 充耳不聞，任其去罵。

B. 與他對罵。

C. 推說別人先擠到你。

D. 請他原諒，同時提醒他罵人不對。

（5）當你做一項工作，辛苦了好幾天，自以為這項工作做得不錯，不料老闆很不滿意，你該怎麼辦？（　　）

A. 滿腹委屈，但不作聲。

B. 拂袖而去，不受委屈。

C. 把責任推給客觀原因。

D. 注意自己做得不夠的地方，以便今後改正。

解析：

以上 5 個問題均有 4 個答案。

如果你大多數選擇 A，說明你處世消極，凡事與世無爭。

如果你大多數選擇 B，說明你自制力較差，不善於待人接物。

如果你大多數選擇 C，說明你的為人不夠真誠、坦率。

如果你大多數選擇 D，說明你既有較強的自制力、積極上進，又為人真誠、坦率。

戰勝社交恐懼症的祕訣

在我們周圍，有的青少年朋友討厭面對人群或害怕面對人群，他們不只是覺得害羞、不好意思，而是對自己以外的世界有著強烈的不安感和排斥感。這種因對社交生活和群體的不適應而產生的焦慮和社交障礙，稱為社交恐懼症。

社交恐懼症是一種精神上的疾病，但是因自己個性上的內向、害羞而苦惱，與真正患有社交恐懼症是不一樣的。患社交恐懼症的人，通常對群體的看法都是很負面的，除了幾個親近的人之外，他們很難和外界溝通，這些人無法主動走出自我的世界，也不願意加入人群。

這些人在人多的地方會覺得不舒服，擔心別人注意他們，擔心被批評，擔心自己格格不入。有輕微恐懼症的人，可以正常地生活；嚴重的話，則會造成生活上的障礙，導致無法正常求學。

社交恐懼症已經是在憂鬱症和酗酒之後，排名第三的心理疾病，而且因為現在青少年面臨的課業壓力越來越大，所以罹患的人數有越來越多的趨勢。

那麼，青少年朋友，我們如何才能知道自己是否患有社交恐懼症呢？這裡幫你指出以下三點來做自我檢測：

（1）你會因為害怕，而在別人面前害羞或不好意思，進而不和他人說話或不願意做某些事情嗎？

（2）你不願意成為別人注意的焦點嗎？

（3）你害怕別人覺得你愚笨或擔心看起來很害羞嗎？

如果以上三點，你有其中兩點情形的話，就有可能是患有社交恐懼症；如果這些情形已經讓你想躲在家裡，不願意和任何陌生人接觸，你

可能就需要接受諮商或治療了。

　　當然，如果你真的患有社交恐懼症，你也不要認為這是一種危險的「疑難雜症」，只要你掌握正確的改變方法，也可以成為能言善道的陽光青少年！我們一起來看下面這個故事。

　　某校國二的唐斌是個性格有點內向、自卑的男孩。平常，他最害怕當眾講話，怕講不好會丟臉、出醜。

　　不管是跟老師、同學交流，還是在課堂上回答問題，都會感到莫名其妙地緊張，腦海時常一片空白，說起話來語無倫次。

　　慢慢地，唐斌罹患了社交恐懼症，害怕與人交流的煩惱，就像陰雨黑雲一樣，時刻籠罩在他的心頭，揮之不去。

　　這不僅讓他的心情十分糟糕，還嚴重影響到他讀書的積極度。期末考試時，他有多個科目都考不及格。

　　唐斌常常在心底罵自己不爭氣，也想努力改變自己，可是無論怎麼努力，情況依然得不到改善。他無計可施，只好在國文老師上完一堂「交際與口才」的課後，向老師求助。

　　他把自己遇到的煩惱一五一十地告訴老師，問道：「老師，我遇到的這些問題，是不是一種心理障礙呀？有沒有什麼好方法可以改變？我太痛苦了，您一定要幫幫我！」

　　國文老師沉吟了一下，告訴他說：「老師很理解你現在的心情。的確，和他人講話心生膽怯、語無倫次，是十分難堪的事情，這確實是一種交際的心理障礙。不過，這並不是無法克服的難題，你這種情況是可以透過心理素養訓練得到改善的。」

　　接著，老師告訴唐斌，對陌生人講話或當眾發言時，可以先做幾次深呼吸，使呼吸與心跳趨向正常。

　　或者在上臺前，先對著鏡子整理一下自己的外表，接著自信地凝視

自己的形象，大聲說幾遍：「我今天一定會成功！」然後精神煥發地準備上臺。上臺後也不要急於開口，先掃視全場，待安靜後再開始講話。

聽了老師的話，唐斌每天都照老師說的方法進行練習，幾個月後，唐斌果然變得在學校敢說、敢唱，人也變得開朗了，在期末考中，各科成績都獲得不錯的分數。

這麼說來，如果我們不幸患有社交恐懼症，只要我們運用正確的糾正方法，也是可以很快走出這種交際困境的。這裡，再告訴你一些告別社交恐懼症的妙招。

第一招：呼吸規律。

事實證明，當我們情緒緊張或過於羞怯時，呼吸會變得很急促，非常不規律。因此，在社交中，當我們緊張的時候，要強迫自己做數次深長而有節奏的呼吸，這樣，可以讓緊張的心情得以緩解，為建立自信心打下基礎。

第二招：做些運動。

我們可以做些克服羞怯的運動。首先，將兩腳平衡站立，然後輕輕地把腳跟提起，堅持幾秒鐘後放下，每次反覆做三十下，每天這樣做兩、三次，可以消除自己心神不定的感覺。

第三招：握著東西。

具有社交恐懼症心理的人，常常會出現緊張的情緒，為了擺脫這種狀態，我們與別人在一起時，不論是正式或非正式的場合，開始時不妨手中握住一樣東西。對害羞的人來說，手裡握著東西，會讓我們感到舒服和某種安全感。

第四招：假設思維。

具有社交恐懼症心理的人，可以每天選擇一段時間，讓自己在一個假想的空間裡，不斷模擬發生社交恐懼症的場景，不斷練習、重複發生

症狀的情節，然後自己再不斷地鼓勵自己面對這種場面，讓自己從假想中適應這種產生焦慮緊張的心理。

第五招：不要畏懼。

為了克服自己的社交恐懼，我們必須學會毫無畏懼地看著別人，而且很專心。當然，對一位害羞的人，要開始這樣做非常困難，但你非學不可。因為若我們老是迴避別人的視線，人家會覺得我們不尊重他，會給別人造成不好的印象。

此外，我們還可以多看看書，讀一點課外書籍、報刊，廣泛地吸收各方面的知識，只有我們擁有很多知識以後，在面對各種場合時，我們才能毫無困難地說出自己的觀點。

青少年朋友，我們應該知道畏懼、怯場是當眾說話者的普遍心理。古今中外著名的政治活動家、演說家、論辯家，初登講臺時，並不是都能一舉成功的，甚至還有人出現過當眾出醜、尷尬難堪的場面。這些緊張和恐懼其實是與自我評價相關的情緒反應，是自我意識所造成的。

在我們周圍，有許多中學生都不同程度地存在這樣的問題。當眾說話的第一步之所以難邁，主要是考量自我過多，怕丟臉，怕當眾出醜。

其實，我們不必過於看重結果，只要我們不過度擔憂，不要太在乎別人的看法，多給自己鼓勵與良好的心理暗示，我們就能增加自信心，消除畏懼、怯場的心理障礙，成為一個勇敢、快樂的陽光青少年。

好人緣的修練祕笈

　　有人說，好人緣是一支畫筆，可以繪製生活中的美麗；有人說，好人緣是一把天梭，可以編織人生中的幸福；有人說，好人緣是一道彩虹，可以實現我們美好的希望。那麼，你希望自己擁有好人緣嗎？你覺得我們應該怎麼做才能擁有好人緣呢？

　　從某種意義上來說，人與人之間的相處，是先從交談開始的。一個人的才幹要被人知道，要被人了解，就必須與人交談，有時甚至還必須「毛遂自薦」，向對方展示自己的才幹。如果不借助口才，很難想像一個人能夠獲得好人緣。

　　在當今商業社會的時代，人們相互間的交往日益頻繁。因此，口才也顯得越來越重要。我們常常看見，許多口才出眾的企業家手下，往往雲集一大批能說會道的幹將；關係良好的朋友在一起，為某個問題而展開討論，口才好的人，往往容易成為「領袖」，受到眾人的推崇，因此，他的朋友就自然會比別人多得多。

　　但是，交友說話的能力不是一、兩天就能練成的，不過，若我們能掌握一些說話技巧，也許我們成功的機率就會更大。

　　事實證明，才疏學淺的人，是不可能會得到眾人賞識的，品行不端更無法得到眾人擁戴。一個口碑不佳、形象不好的人，必會招致人們的厭惡。而品學兼優、學養高雅、談吐風趣的人，則一定是受人擁戴的。

　　好人緣可說是人生考試的好結果。沒有一種成功會是偶然的，任何人都不可能會隨隨便便成功。

　　當我們遭遇一些失敗，嘗到一些苦澀之後，便會有一條成功的祕訣向我們招手，那便是要擁有好人緣。看那些成功人士，好人緣是他們獲

取成功的祕密，人生的重要收穫。

好人緣既然如此重要，那麼，我們該怎麼做呢？須知，人生沒有憑空而來的好人緣。想要贏得好人緣，靠的是智慧、修練和洞悉其中的奧妙。獲得好人緣，有三大訣竅：享有好口碑，塑造好形象，擁有好口才。

第一，享有好口碑。口碑是別人對我們人品的評價。人緣若是火，口碑便是風。「火」借「風」勢，自然就會更旺，而口碑不佳者，則眾叛親離。想建立好口碑，絕非一日之功，也非一蹴而就。

這就需要我們謙虛處世、誠懇待人；需要我們潔身自愛、珍惜名譽；需要我們自我約束、寬以待人；需要我們抑惡揚善、樂於助人。

只要我們能正直地為人、光明地做人，自尊自重、始終如一，就能贏得眾人的正面評價，就可為自己贏得千金難買的好人緣。

第二，塑造好形象。形象是修養的外在展現。人緣若是馬，形象便是鞍，寶馬佩金鞍，人皆誇讚。而形象不雅，則魅力大減，好人緣自然難求。

塑造好形象，要注重的就是氣質修養，需要保持儀表整潔，要待人得體有禮、精神飽滿、充滿熱情。

一個充滿魅力的人，也許並不雋朗，但肯定真誠；也許並不高貴，但肯定高雅。一個形象出眾的人，必然是一個人人傾慕、人緣廣結的人。

第三，擁有好口才。口才是交往的工具，是才智的發揮。人緣若是花，口才便是葉。紅花綠葉，相得益彰。語言木訥者，不利於和他人溝通，想贏得好人緣自然十分困難。

好口才不僅是伶牙俐齒，更要打動人心；不僅是能言善辯，更要金玉良言；不僅是口若懸河，更要聲情並茂；不僅是脣槍舌劍，更要風趣幽默。

即使我們才華橫溢，也必須在交流中讓人感知；即使我們聰慧過

人，也要在談吐中讓人了解。好口才是人生的必需，是事業的保證，也是廣結好人緣的最有效橋梁與紐帶。可以說，好口才對我們每個人都是很重要的，可以使我們凸顯才能，張揚個性。

有人說，口才好與壞，主要在於一個人的思維是否清晰。思維清晰、條理清楚，自然可以把話說得明白，讓人信服。

現實生活中有很多人思維敏捷，但是他們的口才卻很糟糕，有的人甚至無法把自己的想法表達出來。有人說這樣的情況，主要原因是缺乏自信。

誠然，自信與否對口才來說，是個很重要的因素，但在我們說話時，還是有一些技巧性的東西存在的。這裡說的不是辯論會上的技巧，它們是我們生活、工作中經常會用到的，如果細心的話，不難發現在我們身邊，一些口才很好的人都有這樣的共同點。

第一，咬字清楚。這是最基本，卻最容易被我們忽視掉的。中文本身就是一種詞彙豐富、詞義多樣的語言。一字之差，謬之千里。

很多時候，可能沒有這麼嚴重，但如果我們沒有說清楚，別人也許很有可能會問「什麼？」，這樣常會打斷我們的思路，或造成我們的緊張。

第二，音量適中。聲音太大是很不禮貌的表現，特別是在公共場合。但是，我們說的話還必須要讓別人聽清楚。交談中最忌諱的事情，就是越說聲音越小，這不僅會影響表達效果，還會讓人覺得我們心虛、缺乏自信。

第三，注意語速、停頓與重音。語速要適當，微慢的語速可以給我們更多思考和組織語言的時間，往往表達效果更好。

如果需要語速快時，切記咬字清楚是基礎。而我們說話的時候，注意語速，也就會注意到停頓，停頓有長有短，適當停頓可以突出重點。

重音也是非常重要的，有人講話音調總是平的，讓聽者根本就沒有

興趣，也抓不到重點。重音不僅是一種點綴，也可以表現出一個人說話時的氣勢。

其實，說來很複雜，做起來卻並不難，我們只要在講話時，時常提醒自己慢一點就可以了，逐漸地就能體會到它們為自己帶來的種種好處了。

第四，語言簡練。現在生活的節奏越來越快，工作效率也越來越高，誰也不願意花那麼長的時間來聽長篇大論。

簡練的語言，重點在於明確，更能表現出一個人的幹練精明。盡量把習慣的口頭禪去掉，比如「然後」、「那個」、「因為」……等，這是最行之有效的方法。

第五，敘述完整。用簡練的語言表達完整意思，這是一個境界，其實是不難達到的。要抓住我們從小就學的敘事三要素：時間、地點、人物；還要抓住我們的五感，聽到的、看到的、聞到的、摸到的、嘗到的。

論述一個問題時，用首先、其次，第一、第二等。這樣一來，哪怕有時條理不太清楚，先後順序有些顛倒，也很容易讓聽者明白自己的意思。

第六，氣勢。一個人講話要有氣勢，特別是在工作中。這種氣勢不是盛氣凌人，不是驕傲自大，它是平和、沉穩與自信的一種氣度。

第七，認真傾聽別人的談話。不管是老師、長輩還是同學、朋友，最重要的，是一定要把別人的問題聽清楚，有針對性地與人交談。

口才是藝術，語言要精練。不急不躁，增加修養，相信自己的能力、魅力，真誠自信是最重要的。

青少年朋友，我們應該深信，有了好口碑，就可以聞天下；有了好形象，就可以酷天下；有了好口才，就可以行天下；有了好人緣，就可以創造出屬於自己亮麗的人生，我們也就能成為真正的陽光青少年了！

第一次見面的基本禮節

親愛的青少年朋友，我們與自己不相識的人第一次見面，你懂得應該注意哪些禮節嗎？以下我們就來一起學習吧！

1. 介紹

在公共場合結識朋友，可由第三者介紹，也可自我介紹。為他人介紹時，要先了解雙方是否有結識的意願，不要貿然行事。自我介紹時，要講清楚姓名、身分，對方則會隨後自我介紹。具體介紹人物時，要有禮貌地以手示意，而不要用手指點。

介紹他人時，應有先後之別，把職位低、年輕的人，介紹給職位高、年長者，把男士介紹給女士等。介紹時，一般應起立，但在宴會桌上、會談桌上不必起立，被介紹者只要微笑、點頭，有所表示即可。

2. 握手

在交際場合，一般我們在和對方相互介紹和會面時會握手。遇到朋友先打招呼，然後相互握手，寒暄致意。關係親近的，則邊握手邊問候，或握手時間較長。

在一般情況下，握手要輕些，不必用力。稍緊表示熱情，但是不可太用力，也不可太輕。正確的做法，是不輕不重地用手掌和手指全部握住對方的手，然後微微向下晃動。

年輕人對年長者，應稍稍欠身，雙手相握，以示尊敬。女生與男生握手時，對方往往只握一下女生手指。如果是坐著，握手時應該站起來，除非對方也是坐著的。如果他人伸出手跟你握手，你不伸手就是

不友好。

握手時應該伸出右手，絕不能伸出左手。握手時不可以把另一隻手放在口袋裡。握手時，如果手是溼的，或者手上有汗，需要擦乾以後再握。

握手的時間通常是 3～5 秒鐘。若匆匆握一下就鬆手，是在敷衍；長久地握著不放，又未免讓人尷尬。握手順序，應由主人、年長者、身分高者先伸手，客人、年輕者、身分低者見面先問候，待對方伸手再握。在握手前，應先脫下手套，握手時雙目注視對方，微笑致意，不要左顧右盼。

握手除了是見面的一個禮節外，還是一種祝賀、感謝或相互鼓勵的表示。比如對方獲得某些成績與進步時、對方贈送禮品以及發放獎品、獎狀、發表祝詞講話後……等。

3. 致意

在公共場合遠距離遇到相識的人，一般是右手打招呼，並點頭致意。如戴帽時，應摘帽點頭致意，離別時再戴上帽子。

與相識者在同一場合多次見面，只點頭致意即可；對一面之交的朋友或不相識者，在社交場所也應點頭或微笑致意。

青少年朋友，請不要小看以上我們提到的這些見面禮節，這些見面禮節代表我們給人留下的初次印象，只有遵守這些禮節，我們才有可能進一步地和他人交往，他人也會對我們更加尊重和喜愛。

人際交往的禮貌用語

從我們上幼兒園的第一天起，老師就告訴我們，應該對人有禮貌。

禮貌，是待人接物的基本準則，它反映出一個人有無良好的家庭教育、個性修養和文化素養。如果說紀律是約束，是要大家共同遵守的；那麼禮貌則是自覺的、發自內心的真誠和人格的展現。

有禮貌的人，不論何時都顯現出一種美的光彩、儀表和風度，表現出美好的心靈和優秀的道德特質。正如德國劇作家、詩人歌德所說：「一個人的禮貌，就是一面照出他肖像的鏡子。」

文雅禮貌的語言，是滋潤人際關係的雨露；是溝通組織與公眾關係的橋梁；是維持交談者雙方良好關係的紐帶。沒有文雅禮貌的語言，很難想像人與人之間能和睦相處，交談能深入下去。

在人際交往中，我們能夠正確使用日常生活中的禮貌用語，則有利於營造和他人相處的融洽氣氛。不僅給予他人尊重，也能顯示自己的修養。為此，青少年在平時，可以經常學習和使用一些客套用語。

初次見面說「久仰」；久未聯絡說「久違」。

等候客人說「恭候」；客人到來說「光臨」。

看望別人說「拜訪」；歡迎購物說「光顧」。

起身走時說「告辭」；中途先走說「失陪」。

請人勿送說「留步」；陪伴朋友說「奉陪」。

請人批評說「指教」；求人解答說「請問」。

請人指教說「賜教」；請人指正說「雅正」。

贈送作品說「斧正」；對方來信說「惠書」。

向人祝賀說「恭賀」；讚人見解說「高見」。

請人幫助說「勞駕」；託人辦事說「拜託」。

麻煩別人說「打擾」；求人方便說「借光」。

物歸原主說「奉還」；請人諒解說「包涵」。

這些都是最簡單的禮貌用語，但在人際交往中卻是不可或缺的，它充分展現一個人的文化素養，不要小看簡短的幾個字，有時正因為我們說話缺少這幾個字，而導致自己和他人的談話失敗。

星期天，高二的周玲玲和同學去動物園玩，她們在一個十字路口迷路了，周玲玲向身邊的交通警察問道：「問一下，怎麼到馬路對面去啊？」

交通警察頭也沒回地說：「下次說話要有禮貌，客氣一點！」然後順手一指，「直走，橋下過馬路！」周玲玲和同學非常不好意思地走了。

很簡單的一個問路，卻因為問路人周玲玲不懂得使用基本的禮貌用語，而造成雙方的不愉快。其實，周玲玲只需在問路時加上幾個簡單的詞語，比如，「叔叔您好！請問……」敬稱「您」再加上「請」，相信交通警察在回答問題時，會客氣得多。

從交通警察這方面來說，雖然問路人周玲玲說話不禮貌，但也無需動氣，更不需針鋒相對。他可以先使用禮貌用語指路，然後再婉轉地提醒周玲玲需要注意的禮節。

別小看「請」、「您好」、「謝謝」、「對不起」……這些簡單的禮貌用語，如果能恰當使用，既能在主觀上感到身心愉快，又能在客觀上促進人際關係的和諧發展。

俗話說，「言為心聲，語為人鏡」。如果我們說話有禮貌，則能讓幫忙的人幫得高興，但如果我們說話沒禮貌，則會破壞別人的好心情。所以說，當我們向人求助時，加上「您」、「請」，得到幫助後說聲「謝謝」，會讓我們在與人交流的時候更為順利。

第一章 從「社交恐懼」到「社交達人」

不管我們和什麼人交談，在有禮貌的同時，還應當不要以別人的缺點當話題，即便傾聽者不認識你說的那個人。因為那樣會讓對方覺得你是一個不厚道的人，會對你敬而遠之，甚至不再來往。

在日常社交中，一件不起眼的小事、一個容易忽略的小問題，如果處理得不好，就有可能「一石激起千層浪」，弄得他人不舒服，也為自己增添不必要的麻煩。

而一張和藹可親的笑臉、一聲情真意摯的問候、一項仔細周到的服務，宛如清新之風撲面而至，讓他人倍感心情暢快，對自己的滿意度隨之提升，同時，也顯露出個人不俗的品格。

青少年在跟他人交談時應注意：談吐文雅禮貌，稱呼用詞恰當，交談時語義明確、用語貼切、語氣謙和，同時注意用語規範化，針對不同的人使用不同的語氣、語速，交談過程中不妨多說幾句「您好」、「謝謝」，要深信「禮多人不怪」、「一句好話暖人心」等古訓。

長輩們總是以「叫人不蝕本，只要舌頭打個滾」和「禮多人不怪，無禮路難行」等俗語，教導後人要通情達理。所以日常熟人相見，要視不同對象予以適當的熱情招呼。

早晨相見，習慣招呼「您早」、「早安」等；中午相見，習慣招呼「午安」、「吃午餐啦！」等。走在路上或在公共場所，遇到相識的人，應該主動打招呼，問候致意。可以說「早安」、「您好」、「午安」……等。

當別人向我們打招呼以後，也要應答、向他致意，否則會被認為不禮貌。有時也可面帶微笑，注視對方，並點頭致意，這也是一種問候人的好方法。

若遇到長者，則招呼「您身體好嗎？」、「您精神好啊！」……等。通常在招呼語前加「您」，以示尊敬。

遇到很熟悉的朋友，除了問候致意外，還可以問問對方家人的情

況，並請他代為問候。如「伯父伯母近來好嗎？他們的身體還健康吧？」

若在家門口遇到熟人，習慣招呼「請來家裡坐坐」、「進來喝杯茶聊聊」……等。在平日與人舉止言談時，要講究慢聲細語，溫文爾雅。

禮貌是人與人之間進行溝通與交流的基本原則，它不僅能贏得別人的尊重，還能拉近雙方的距離，從而使我們與他人交流更順利。

所以，無論在什麼時候，說話都不得無「禮」，這樣才能贏得更多人的喜愛，而我們自己離陽光青少年才會越來越近！

與人聊天時的分寸

不知道你有沒有發現，在生活中，有許多人做事不順、與他人交往失敗，往往都是由於說話方面的問題導致的。很多人說話時不留神，不知情況就亂開口，結果十句話裡可能有九句半讓自己在事後感到後悔。

說話是一件很重要的事情，不會說話，做不成事；不會說話，就可能會得罪人。所以，動口之前一定要先動腦，看場合說話，看人說話，同時說話還要有分寸。

在說話時應該顧全他人的面子，關注照顧對方的感受，考量說話的方式，做到將心比心，設身處地，而不能只圖自己的一時痛快。

這天，是國中同學張曉梅的 16 歲生日，她邀請幾個同學到家裡參加她的生日派對。

下午 5 點剛到，曉梅家的門鈴響了起來，幾個同學面帶微笑地出現在張曉梅的面前。

走在前面的，是張曉梅的同學潘大壯，他在班上有「大炮」之稱，對人雖然很熱情，但卻不太會說話。本來，張曉梅是不打算請潘大壯來的，因為潘大壯是坐自己隔壁的同學，礙於面子，張曉梅只好勉強請了他。

一到張曉梅家，潘大壯就無所顧忌地大發牢騷說：「妳家可真難找，怎麼住在這個鳥不生蛋的地方。」

張曉梅知道潘大壯向來說話隨便，也沒在意。而在廚房裡忙著的張曉梅奶奶，想必也聽到了潘大壯的話，她走出來，一邊招呼大家坐，一邊客氣地說：

「我們家小了一點，人一多就比較擠……」

聽到奶奶這樣說，潘大壯立即接過話說：「是呀！您家也太小了，落腳的地方都沒有，住在這裡多悶呀！」

接著，潘大壯又說：「這房子實在是太破舊了，也應該退休了。我們社區那裡的房子就很不錯，價格也不貴，一坪才 60 幾萬元。你們家留著錢做什麼用呢？」

潘大壯的一席話，讓張曉梅奶奶的臉上一陣紅一陣白，熱情的微笑也慢慢地消失了。

原來前年張曉梅的媽媽得了癌症，在病床上躺了一年多，半年前去世了，家裡的積蓄全部花光了，哪有錢換房子呀！倒是一起來的芳芳聽不下去了，提醒潘大壯：「你的話不要那麼多好嗎？我們是來做客的。」

潘大壯吞了口水，表示接受。不一會，張曉梅的奶奶陸續把飯菜端出來。

潘大壯又說話了：「我看雞肉、豬肉都有了，就缺海鮮了，菜不在多而在精嘛！」

話一出口，張曉梅和奶奶的臉色都有點難看，但張曉梅奶奶還是笑著說：「喲！我們今天可真沒準備海鮮，不然，打電話給曉梅她爸，請他帶海鮮回家好不好？」

潘大壯聽了，有些惱怒地說：「不用，不用！我這才知道妳們家的曉梅為什麼個子那麼小，原來妳們家不注重營養搭配，妳們看人家芳芳，快超過相撲運動員了……」

聽到這裡，張曉梅和芳芳再也受不了了，她們把筷子拍在桌上，漲紅了臉，說：「說什麼呀你！」

就這樣，好端端的一場生日派對，最後不歡而散了。

在日常生活中，我們說話的內容和方式，要根據場合，正確選用詞語，不要把用在敵人的貶義詞，用到自己的同學身上，也不要說不著邊

際的話。

　　說話之前，應當先想想哪些話該說，哪些話不該說，這樣才能做到尊重對方。

　　比如，有同學和別人發生衝突，吵架時就說對方「陰險」、「卑鄙」；有同學看見班級幹部向老師反映一些情況，就說班級幹部是老師的「奸細」、「愛打小報告」；有同學好拿別人的生理缺陷開玩笑，叫頭髮稀疏的同學「禿頭」，叫戴眼鏡的同學「四眼田雞」；有同學批評別人專揭他人過去的短處、惡語傷人，把拿過別人東西的同學叫「小偷」，把打過架、受過處分的同學叫「流氓」。

　　對自己的同學使用這樣的貶義詞，語義都太重了。實際上與罵人沒什麼兩樣。說話不注意，往往會傷害同學的感情，造成隔閡，影響團結。因此，不要「哪壺不開提哪壺」。

　　青少年朋友，我們和同學、朋友相處，要顧及他人面子，且注意說話場合。在同學之間、朋友之間、父母之間，甚至和所接觸的每一個人之間，這都是不容忽視的問題。

社交基本禮儀寶典

隨著社會時代的進步，青少年參加社交活動的情況越來越多，也越來越頻繁。在面對形形色色的人時，如果我們懂得社交禮儀，時時刻刻彬彬有禮，會顯得我們更加成熟、陽光，並獨具魅力。

以下這幾種社交禮儀，是我們在日常生活中需要特別注意的，我們一起來了解一下吧！

1. 儀表

儀表是一個人的外部形象，包括面容、體態、服飾、風度和舉止等方面。儀表是一個人的廣告，它給人的印象既是初步的，又是難忘的。恰當的著裝與服飾會給人良好印象，提高社交的成功率；反之會降低身分，損害個人形象。

2. 神情

社交場合中，如果我們不考量他人的喜怒哀樂，隨意表露與他人相悖的神情，那就會讓人討厭。恥笑他人的不幸，為一點小事就板著臉，冷眼看人，沒有比這些更使人不愉快的了。要知道，愛人如己，不分貴賤，平等相待，才會獲得人們的青睞。

3. 姿態

在社交場合中，我們走路時背部要伸直，腳步要輕快，舉止穩重，才能展現出自己獨特的氣質。如果擔心做得不夠好，不妨時常問問身邊的人：「我走路姿態好看嗎？」然後按照他人的指點，改正自己的缺陷，

這樣我們才能走出最好的姿態。

　　身為青少年，坐在椅子上，不要把兩條腿大幅度打開，最好是雙腳整齊地合攏。我們應該知道，蹺二郎腿是很難看的，一隻腳擱在另一隻腿上抖動，更欠穩重。

　　坐在沙發上，以自然舒展為好。如果是女孩子，夏天穿短裙，側坐比正坐優美，但在答話時必須正坐，不可以把兩腿向外伸展。

　　當我們和同伴相遇時，可以舉手招呼或微笑示意。與對方握手時，必須注視對方眼睛。

4. 用餐

　　一般來說，我們在家用餐時可以隨意挑選食物，但在宴會上就不能隨心所欲了。在宴會上，遇到不喜歡吃的菜，不必勉強吃，也不要三心二意要吃不吃，與其猶豫不決，倒不如乾脆說：「對不起，我不喜歡吃這道菜。」這也是合乎禮節的。別人幫自己盛飯，要用雙手去接。吃飯的速度需要和大家配合，吃快、吃慢都不好。

5. 交談

　　和人交談，也有禮節。說他人壞話，誇自己長處，自以為百事通……諸如這些，都違反交談禮儀。

　　在與人交談時，如果被人感到厭煩，就應該即刻反省自己的缺點，因為長舌婦的壞習慣是大家最討厭的。不談他人缺點，只誇他人長處；講到自己時，謙虛一些，這些都是優秀的品格。

　　有三人以上交談，不要只做默默微笑的聽眾，要勇於參加議論，才能展現自己的魅力。要知道，一個幽默的青少年，比一個嚴肅的青少年要可近、可親。談吐幽默的人，能帶給人歡快，使人忘卻憂愁。對他人

身上的缺點不要開玩笑，這很容易傷人家的心。無意間說出不禮貌的話，必須馬上向對方道歉，說句「對不起，請原諒」。

6. 受禮

在社交場合，別人送我們禮物，最好不要馬上打開來看。如果已經打開，看到自己不喜歡的禮品，千萬不能說「我不喜歡」，更不能喋喋不休地嘮叨，這會有負送禮人的美意，應說聲「謝謝，我會好好珍惜」才對。

當然，如果我們面對的社交人物，是自己無話不談的好朋友，那就可以另當別論，在他們面前展露我們無拘無束的一面即可。但在正規的社交場合，注意以上這些必要的禮節，可以讓我們不僅得到同齡人的喜愛，更能獲得長輩和陌生人的好感，這又何樂而不為呢？

贏得友誼的十要十戒

　　真正的友情，可以給人力量，給人勇氣，給人智慧，給人歡樂和幸福；真正的友情，可以陶冶人的情操，淨化人的靈魂，昇華人的思想境界，開拓人的視野。

　　在交友中，要堅持「十要」、「十戒」，這樣才能加深友情，真心相處。

十要

　　一要彼此信任，光明磊落；　二要互相尊重，互相諒解；

　　三要情趣高尚，志同道合；　四要講究信用，言行一致；

　　五要講究原則，堅持真理；　六要真誠待人，實事求是；

　　七要解人之危，見義勇為；　八要相互謙讓，虛懷若谷；

　　九要濟貧救困，同舟共濟；　十要態度和藹，滿腔熱忱。

十戒

　　一戒板著面孔；　二戒有失風度；

　　三戒自視清高；　四戒固執己見；

　　五戒揭人之短；　六戒賣弄聰明；

　　七戒玩弄奸詐；　八戒目中無人；

　　九戒忽視儀表；　十戒顧此失彼。

　　愛因斯坦說過：「世間最美好的東西，莫過於有幾個頭腦和心地都很正直的真正的朋友。」在交友過程中，堅持「十要」、「十戒」，無疑會幫助青少年找到真正有誠意的朋友，讓我們的生活更加陽光。

有教養才能受歡迎

　　青少年朋友，當談到對人的印象時，往往喜歡用「這個人有教養」來表示好感，而用「這個人教養不夠」或「沒教養」來表示不喜歡。可以看出，有沒有教養常成為評論一個人的第一印象。

　　青少年的教養是優雅氣質的內在表現，是溫柔文雅的內涵，是活潑可愛的基礎。教養是一個人修養情操的綜合反映，是文化水準高低的展現。良好的教養是魅力的泉源，是端莊秀麗的花蕾。

　　教養，大多表現在一個人日常的談吐、舉止、言行之中。雖是無形的東西，卻能支撐著一個人的行為，表現出綜合的素養氣質。良好的教養是順利完成任務和融洽人際關係的催化劑和潤滑油。

　　在生活中，人們喜歡與有教養的人相處，而對缺乏教養的人，則投之以鄙夷的眼色，不論對方長得多麼標緻豔麗。為此，身為 21 世紀的青少年，我們要做一個有教養的人。

　　第一，有教養的人具有較高層次的清潔觀和打扮美學。為此，在平時，我們穿衣戴帽要整潔大方，服飾要與自己的身分、身材相符，要給人一種和諧美。邋裡邋遢，會讓人看了不舒服；油頭粉面，會給人油滑輕浮的印象；化妝過濃，也會失去原有的靈氣。

　　第二，有教養的人在出入公共場所和社交場合時，言行舉止都合乎文雅禮貌的規範，不會因事小而失禮儀。例如，人家談興正濃，討論正熱烈，如果我們不管三七二十一，硬插進去，打斷別人的話，就失禮了。聽別人講話，蹺著二郎腿，眼神不集中，毫無反應，也是不尊重人的表現。

　　到陌生的地方，不要東張西望，更不要隨便翻閱他人的東西。如果

是女孩子，遇到不禮貌行為，不要以牙還牙。說話帶髒字，往往會讓人把你與醜惡連結起來。

第三，有教養的人對他人能夠體諒，能學人之長，也能補人之短，不當眾揭人短處，也不講他人忌諱的事情。背後議論他人，取笑他人的弱點，非但不道德，反而會證明自己人格低下。

第四，有教養的人待人接物恰到好處，不卑不亢。不卑，就是不卑躬屈膝，不做出一副討好、巴結的樣子，這是有損人格的。不亢，就是不自傲，不以老大自居、盛氣凌人，自視比別人更勝一籌，必然會引起他人反感。我們不論與誰來往，也不論對方地位高低、資歷深淺、條件優劣、學識博淺，都要做到不卑不亢、熱情謙讓、禮貌待人。

第五，有教養的人對自己有切實的了解，不懂不會裝懂。他們明白，世界上沒有萬世通才，人不可能什麼事都懂。

知之為知之，知一點就是知一點；不知為不知，不要知一點說成知一片，不要不知的強為知。要知道，被人貽笑的，總是那些天花亂墜的人。

第六，有教養的人信守諾言，遵守時間。我們應該不隨意承諾，答應的事一定要做到。沒有把握的事情，即使礙於面子、不宜當面回絕，話裡也要留有可能做不到的意思。如果我們為了奉承他人，把明明做不到的事情包攬下來，會弄巧成拙，失去信任。

第七，有教養的人不會「包打聽」，傳播小道消息。有教養的人知曉，我們不該知道的事情，不必過問。

我們應該了解，多嘴多舌、旁敲側擊，常會引起他人反感。尤其是不要過問別人難以啟齒的隱私。他人告訴自己的私事，我們不要以此為材料，充當「小廣播」，否則他人不會對我們說真心話、知心話，從而失去別人對我們的信任。

第八，拜訪、打擾他人要適可而止。拜訪要講究禮儀，有準備，盡可能事先約定好。即使有事打擾他人，一旦事情辦完，也要立即抽身離開，不要沒完沒了，讓他人無端地陪伴我們，這樣他們下次會不歡迎自己。凡事要懂得知趣。

第九，不要太敏感。有些話，對方出於無心，如果我們過度敏感，就會顯出性格的多疑與偏狹。有些事情，對方不是這個意思，若我們想入非非，太過敏感，則會造成自我挫敗。

第十，不做有失風度的事，注意小事上的規矩和禮儀。在我們身邊，有人吃東西時喜歡舔手指上的沾物，看書習慣用手指黏唾液翻頁；有人說了對不起別人的話，不懂得致歉；有人借了別人的東西，常常忘記歸還；有人對他人的隱私樂於傳播；有人當眾摳鼻子、挖耳朵、脫鞋子；有人對異性表現出過度的傾心，動作輕浮……諸如此類，都是有失教養和風度的，我們應當注意糾正和克服。

青少年要做到有教養，不僅是一個認知問題，而是一個實踐問題。為此，我們應該從小事做起，從現在做起，從周圍做起，從自身做起，這是走向有教養的開端和希望。

請相信，當我們被大家誇獎為一個有教養的人那天，我們離陽光青少年的標準也就越來越近了。

不受歡迎的黑暗習慣

　　青少年朋友，我們應該明白，大家最喜歡的是哪種類型的男孩和女孩，從而避免自己與周圍人相處時被別人疏遠。那麼，被人們列為不受歡迎和必須疏遠的女孩和男孩有哪些呢？

　　這裡我們分別介紹，不管你（妳）是男孩還是女孩，都要注意，千萬不要當不受人們歡迎的人哦！

1. 不受歡迎的男孩

　　應該說，每個男孩都有自己獨特的性格，但是，並不是每個獨具性格的男孩，都會受到大家的喜愛。以現代人的看人標準來說，以下幾種類型的男孩，往往會引來大家的反感。

　　一是抱怨浮躁型。這類男孩沒什麼成就，總是抱怨時運不好，自己的學業無長進，總是強調各種客觀原因。他們不去努力學習，而只想一夜成名，時時希望自己是個「富家子」；總羨慕他人的生活，而不喜歡透過自己的努力去得到一切。

　　這種類型的男孩在成年後，如果繼續無所事事，怨天尤人，屢教不改，到頭來終會一事無成。這樣的男孩會被他人看不起，當然也就更無法受到他人的喜愛了。

　　二是不負責任型。在我們身邊，很多男孩總是喜歡給周圍的人很多承諾，但又不去兌現，尤其是對自己的朋友和父母。

　　其實，能夠在關鍵時刻挺身而出、獨當一面，才最能展現一個人的責任感和感召力。如果只是一味吹牛、說謊，而不去付出實際行動，那麼，這種男孩永遠都得不到別人的信任，當然更得不到他人的歡迎。

三是好吃懶做型。一個人想成功，必須付出艱辛的努力，尤其是對男孩來說。但現在很多男孩只想擁有，卻不想付出，所以在現代生活中，有越來越多「小皇帝」、「小地主」。更有很多男孩幾乎是一點家務事都不會做，什麼事情都依靠父母，由父母包辦一切。這種永遠都長不大的男孩，當然也是最讓人反感的。

四是不拘小節型。青少年不一定要穿名牌、用名牌來彰揚自己，但一定要衣冠整潔，言談舉止大方。試想，一個穿著髒名牌服飾、隨地吐痰，站沒站相、吃沒吃樣的男孩，誰願意多看他一眼呢？相反，那些穿戴普通，但整潔文雅的男孩，卻會引來多數人的關注。

五是身染惡習型。有的男孩，從中學時代起，就身染各種惡習，不管是吸菸、喝酒，還是喜歡結交社會上的各類朋友，簡直沒有學生的樣子，這樣的男孩當然也得不到人們的好感。

六是不思進取型。誰都不喜歡沒有進取心的男孩，因為一個沒有進取心的人，整天只知道玩，不知道努力和付出，這樣的男孩，肯定是沒有前途的，當然也就不可能受到他人喜歡。

七是脾氣暴躁型。這類男孩總是時不時亂發脾氣，剛剛還一臉笑容，一眨眼就暴跳如雷。

和這樣的男孩交朋友，剛開始，人們可能還會試著去原諒他，到後來，恐怕就越來越難以接受了。所以說，對這類型男孩，人們都不願意去招惹，免得被氣得七竅生煙，最後傷心而別。

2. 不受歡迎的女孩

現在再來了解一下，哪些女孩是不受歡迎的，主要有以下幾種：

一是態度傲慢型。這種類型的女孩，多數出身於富有的家庭，或本身有超群的技能。但無論如何，她總會使那些稍有自尊心的朋友離她而

去，甚至不願和她再繼續來往。

二是醋罈子型。這種類型的女孩，占有慾很強，隨時希望朋友和家人一心只在自己身上，只要他們對身邊的人比對她好，她就會變得不依不饒。這種太會吃醋的女孩，當然也不會受到大家的歡迎。

三是注重金錢型。這種類型的女孩，眼裡只有金錢，對身邊的人只講錢，不講感情。在這類女孩的心中，她們交朋友的目的，只不過是想找一張長期飯票而已。這類女孩，當然也得不到更多人的好感。

四是不受羈絆型。這種類型的女孩，滿身男生氣，好動不好靜，一刻也停不下來。

五是惹人注目型。這種類型的女孩，特徵是喜歡招搖過市，善於和陌生的異性打交道。自然也容易引起男生的注意，但這種女孩生性太隨便了，大家對她的喜歡不過是假裝或一時的而已。

六是嬌生慣養型。這種類型的女孩，大多被原生家庭寵壞了，可謂不知天高地厚。一時高興，什麼話都可以衝口而出，為此，她身邊很多好朋友，常常都會被她那張厲害的嘴巴嚇得離開了。當然，這種女孩也不會交到真正的朋友。

七是冷若冰霜型。這種類型的女孩，是典型的冰山美人，她們最缺乏對周圍人應有的熱情，總是隨時表現出一臉冷漠，使人感到無法接近，而寧願把她們當成一件物品來欣賞。

青少年朋友們想一想，上面提到男孩和女孩的缺點，你都有嗎？如果你具有其中一種，那麼就應立即糾正。要知道，我們只有改正壞毛病，才能得到更多人喜愛，才能受人們歡迎，並因此贏得更多朋友。

第二章　大膽開口不矯情

　　在成長的道路上，青少年因為內向、害羞而不敢大聲說話，總是沒有勇氣向別人表達自己的想法，總怕自己說得不好，讓別人笑話。其實，想在交往中獲得成功，就要勇敢地把話說出來！

好口才讓你輕鬆獲勝

　　青少年朋友，隨著一天天長大，你有沒有發現？你待在爸爸媽媽、爺爺奶奶身邊的時間越來越短。更多時間，你會選擇與同伴一起交流、活動，結交興趣、愛好相投的同學為知心朋友。

　　你們無話不談、形影不離，慢慢地，你開始視友誼為至高無上，甚至願意為朋友赴湯蹈火，也在所不惜。這些舉止往往令家長很難理解，但這恰恰又是我們進入青春期最典型的心理表現。

　　隨著認識的人越來越多，我們也就會更常與身邊的人交流。可是，現在有個很重要的問題，那就是，你在和不同類型的人交流時，你會說話嗎？你會和他們交流嗎？或許，你會不屑一顧地說，這樣的提問是不是太幼稚了。

　　但實際上，這裡所說的「說話」，並不像你想的那麼簡單。因為這裡所指的「說話」，是要把話說得恰到好處，說到別人的心裡去，那麼，你有這種本事嗎？這種本事其實就是「口才」！

　　一個人不管生性多麼聰穎，接受過多麼高深的教育，穿著多麼漂亮的衣服，擁有多麼雄厚的資產……如果無法流暢、恰當地表達自己的想法，就無法真正實現自己的價值。擁有好口才，就擁有一種立足社會的能力。

　　好口才能讓人的難成之事心想事成，從而讓人在人生旅途中處處順心；它能使人在緊要關頭化險為夷，從而讓人在社交中事事如意，在商場中左右逢源；它能讓人迅速說服他人，從而贏得與他人寶貴的合作機遇；它能使人受到老師的重視、同學的尊重，從而讓學業錦上添花、一帆風順。

好口才對人的重要性，在於以下幾點：首先，好口才可以證明我們的思想水準，提供他人判斷我們能力的依據，這有可能為我們帶來機遇。其次，口才好代表機智，機智展現在好口才上，可以使我們在面臨尷尬時，應對自如，解除自己的困境。

最後，幽默是口才好的象徵，幽默是人對挫折的一種超脫態度，是一種高明的自嘲。幽默的心態可以使人擺脫挫折的困擾，使生命力得到解放，並向新的目標前進。

所以說，成功的人不一定都有好口才；但擁有好的口才，絕對有助於成功。它能大大提高我們成功的機率，在非常關鍵的時刻，它發揮著決定性的作用。以下這則故事，可以說明其中的道理。

古代有個國王，某天晚上做了夢，滿嘴的牙都掉光了。他找了兩位解夢人，國王問：「滿口牙怎麼全掉光了，到底是什麼意思？」

第一個人說：「國王，在您所有的親屬都死去後，您才能死，一個都不剩。」

國王一聽，心裡非常不高興。

第二個解夢人這樣說：「至高無上的國王，您將是您所有親屬當中，最長壽的一位呀！」

同樣的事情，兩個人有兩種不同的說法。第一個解夢人，把國王說到生氣了，龍顏大怒，打他 100 棍；而第二位解夢人，獲得了 100 個金幣的獎勵。為什麼一個挨打，一個受獎？這就是口才的魅力！

古今中外，不少傑出的政治家、軍事家都具有超高口才，諸葛亮舌戰群儒，拿破崙出征前的鼓動，邱吉爾（Sir Winston Leonard Spencer-Churchill）戰前動員，蒙哥馬利（Bernard Law Montgomery）的陣地演說，列寧的即席演講，周恩來的「萬隆會議」發言……等，哪一個不是憑膽識過人、詞鋒犀利獲得勝利，達到目的的！

第二章　大膽開口不矯情

拿破崙總結自己成功的經驗時說：「舌頭是一把利劍，口才比打仗更有威力。」這話似乎過於誇張，但面對事實，又不得不承認「巧舌勝似強兵」。

好口才不但能鼓舞士氣，還能喚起民眾慷慨相助。如卓別林（Sir Charles Chaplin）在第二次世界大戰期間，鼓動人民抵禦法西斯的演說中，有這樣一句話：「德國兵已經到我們家門口了。攔住，必須攔住！只要我們買公債，就能攔住他們。記住，每買一份，就能救活一個士兵。」話音剛落，不少民眾紛紛爭購公債。

事實證明，很多人的成功，有相當程度是歸功於他們善於辭令。第一印象最重要，而口才好的人，最容易留給別人深刻的第一印象。優雅的談吐可以使自己廣受歡迎，更有助於事業的成功。

美國第十六任總統林肯（Abraham Lincoln），曾經是一位優秀的律師。他反應機敏、能言善辯，又是演講家、雄辯家。38 歲那年，林肯參選國會眾議員，主要的對手是牧師卡特·賴特。有一天，林肯參加宗教集會，卡特·賴特以牧師的身分在集會中演講，講到一半時，說道：「一心把心獻給上帝、想進天堂的人，請站起來。」除了林肯，一些人站了起來。

卡特·賴特又說：「所有不願意下地獄的人，請站起來。」剛才那些沒有站起來的人，除了林肯，全都站了起來。

卡特·賴特看到競爭對手始終坐著，想讓他難堪，便問：「林肯先生，你兩次都沒有站起來，請問究竟要到哪裡去呢？」

林肯表示，他沒有必要跟其他人一樣回答問題，不過既然被點名，他願意回答，他答道：「我要到國會去。」林肯不隨卡特·賴特牧師的話起立，以及臨場機智的表現，贏得集會人士的讚賞。

49 歲時，林肯被推為伊利諾州參議員共和黨候選人，對手是史蒂

芬‧道格拉斯（Stephen Arnold Douglas）。道格拉斯主張把美國分為自由州和蓄奴州。反對黑奴制度的林肯，在一次演講時駁斥道：「一棟裂開的房子是站不住的。我相信這個做法不能永遠保持半奴隸、半自由的狀態。」

結果林肯落選，朋友說：「房子分裂論雖然精彩，然而卻不明智，因此你什麼職務都沒得到。」

林肯答：「我寧願不擔任什麼職務，而將這篇講稿留在世上。留下一篇演講稿也不錯。」

林肯在抨擊道格拉斯虛偽時，留下一句名言：「你能在所有的時候欺騙某些人，你也能在某些時候欺騙所有人，但你不能在所有的時候欺騙所有的人。」

為了反對奴隸制，林肯買了一本邏輯學的書，研究如何解決謬誤，並從既定事實中，推斷出無法辯駁的結論。他曾在筆記中寫道：「不論甲如何論證他有權把乙當奴隸，難道乙不能抓住同個論據，證明他可以奴役甲嗎？你說因為甲是白人，而乙是黑人，這就是以膚色為依據。那你可得當心，因為照此邏輯，你會成為你所遇到的第一個膚色比你白的人的奴隸；如果你說白人在智力上比黑人高，所以有權利去奴役黑人，那麼你又得當心，因為按照這個邏輯，你可能成為你所遇到的第一個智力比你高的人的奴隸。」

從筆記中我們可以知道，林肯善辯，不只是口才好，且他用心深思、反覆推演，從而在辯論中折服對手，比起一般只會耍嘴皮子的政客或節目主持人，林肯要比他們可愛且可敬得多。

的確，無論在什麼場合，如果能夠表達清晰、用詞簡潔，再加上抑揚頓挫、娓娓道來的語調，就能吸引聽眾、打動別人。這是我們的祕密武器，可以在不經意中，助我們成功。

第二章　大膽開口不矯情

　　青少年朋友，如果我們善於辭令，再加上周到的禮節、優雅的舉止，那麼在任何場合，都會暢通無阻、受到歡迎。所以，從現在開始，我們要練就一副好口才，只有這樣，我們離成功才會更近，我們的前途才會更加光明，我們才會成為受人尊重的陽光青少年。

好口才讓你站穩 C 位

　　在日常生活中，你都是怎麼和周圍人溝通的呢？當然是透過說話的方式。是的，在我們和人交往、相處時，我們要透過說話來交流，來溝通。

　　如果我們說得好，說得妙，我們說的話就能得到更多人的認可，那麼人們就會認為，我們具有良好的口才，具有吸引人的談吐。而這些東西，其實都是我們建立理想人際關係的基礎。

　　對青少年來說，如果口才不好，就不會擁有好的人際關係；而擁有好口才，則會使談吐更高雅，論辯更精彩，出口成章，字字珠璣，當然也就會讓我們更受他人歡迎。

　　正所謂「一句話可以說得讓人笑，一句話可以說得讓人跳。」說得「讓人笑」，就是屬於談吐得體、會說話的人；說得「讓人跳」，就是屬於不會說話、談吐不佳者。

　　會說話的人，能在短時間內，迅速與別人建立良好的人際關係；而不會說話的人，卻常常讓人覺得厭煩或惱怒。

　　有位新局長宴請退居二線的老局長，酒過三巡，服務生端上來一盤炸田雞。老局長看了看炸田雞，用筷子點點說：「喂！老弟，青蛙是有益處的生物，不能吃。」

　　新局長一聽，不假思索地脫口而出：「不要緊，都是些老田雞，已經退居二線了，不當回事了！」

　　老局長一聽，臉色頓時大變，筷子一扔，連聲問道：「你說什麼？你剛才說什麼？」

　　新局長本來是想幽默一下、調節氣氛的，沒想到一不小心觸犯了老

局長的自尊，一時愣在那裡不知道該怎麼解釋了。

這時，坐在一旁的處長連忙出來打圓場：「老局長，他說您已經退居二線，吃點田雞自然是不當回事的。」

新局長趕忙附和道：「是的是的，不當回事。」

在這個故事中，新局長就是一個不會說話、談吐不得體者，他說的話雖然沒有語法錯誤，還很幽默，但卻不得體。

這話要是在一群年輕人中間說，大家肯定是一笑置之。但是，他的說話對象卻是一位「退居二線」的老局長，退休的失落感，讓老局長立刻想到新局長是有意在奚落自己，他能不生氣嗎？

幸虧旁邊的處長及時挽救局面，才避免雙方發生不愉快的事情。可見，說話時要注意對象、場合，這一點是極為重要的。

我們只有學會分對象、場合說話，才會受人歡迎。否則，就會出現意想不到的局面，如同以下這個故事中的情節一樣：

一位在某大學院校中文系孜孜不倦工作了幾十年的老教授退休了，學校為他和另一位曾多次榮獲「先進」的退休老教授一併舉行了一個歡送會。

與會同事和長官們對他們的工作和為人進行了熱情洋溢又非常得體的肯定和讚揚，相比之下，對那位曾多次榮獲「先進」的老教授的讚譽比較多。

當輪到兩位老教授致詞時，他們對大家的讚譽作了深情的感謝，一時間，會場裡充滿一種令人動情的溫馨氣氛。

作為答謝，話本該說到這裡為止，然而，那位老教授卻並未就此停止，並就剛才的話題，作了頗為欠缺的聯想和發揮：「說到先進，十分遺憾，我從來也沒有得過一次……」

話猶未竟，坐在他對面、平日與他相處不太融洽的一位年輕教授

突然搶了話：「不，那是我們不好，不是你不配當先進，是怪我們未曾提名你。」

話語中帶著一種不肯饒人又讓人感到十分難堪的「刺」，老教授的眼角眉梢被「刺」出一股感傷的表情，一時間，會場中出現了一種怏怏不悅的尷尬氣氛。

一位長官見情況有些不妙，就馬上把話接了過來……

在這件事情上，其實那個年輕教授應該緩和一下氣氛，避開讓大家敏感的「先進」話題，轉而談論其他話題。

但是，他卻反反覆覆地勸慰那位退休老教授，叫他對「先進」的問題不要太在意，說沒有得過「先進」，並不等於不夠先進，先進不僅是名義，更要看事實……等與「先進」相關的話，把本應避而不談的話題，作了重複和引申，使本已尷尬的局面，顯得更加尷尬了。

青少年朋友，從上面的例子中，我們可以看到：說話不看對象、場合，隨心所欲、為所欲為，想到什麼說什麼，這是「不會說話」之人的一種拙劣表現。

我們總是在一定時間、一定地點、一定條件下生活；在不同的場合，面對不同的人，不同的事，從不同的目的出發，就應該說不同的話。用不同的方式說話，這樣才能收到理想的言談效果。

會說話並不在話多，如果說不到點上，多說又有何益？說話，要注意對象、場合，要一語中的，要知道哪些話該說，哪些話不該說。當我們說了不該說的話，便會遭到大家的厭惡，就像以下這則故事一樣。

劉洋是某校高一學生。他的鄰居生了一個男孩子，全家都非常高興。在滿月這天，鄰居把孩子抱出來給客人看。某個人說：「這孩子將來會發財的。」他得到一番感謝。

另一個人說：「這孩子將來是要當官的。」他收到幾句恭維話。

第二章　大膽開口不矯情

孩子被抱到劉洋面前時，劉洋對鄰居說：「這孩子身體健康，一定會活到老死，不會病死。」

於是，劉洋得到大家的批評。

在這裡，孩子滿月是喜事，鄰居這時想聽讚美之詞，儘管是信口之言；而說孩子將來必死，雖確是有據之言，卻使主人反感。

因為在輕鬆的場合，言語也要輕鬆；在熱烈的場合，言語也要熱烈；在清冷的場合，言語也要清冷；在喜慶的場合，言語也要喜慶；在悲哀的場合，言語也要悲哀。如果在喜慶的場合說出悲哀的話，最終導致尷尬場面便在所難免。

一個會說話的人必定知道怎樣才能走進他人心靈的說話藝術。如果我們的話語裡透著像玫瑰花一樣的馨香，那麼，這馨香無疑就能幫我們敲開他人的心房；如果我們的話語裡迴蕩著像圓舞曲一樣美妙的旋律，那麼，在這美妙的旋律中，他人就會向我們敞開自己的心扉；如果我們的話語裡充滿陽光般的溫暖關愛，那麼，這種溫暖關愛的種子，就有可能在他人的心靈裡開出理解和感激的花朵……

當我們的語言充滿著對對方真誠的欣賞和讚美之詞，我們的語言便已經像潤物細無聲的春雨，滲入他人的心靈深處，對方在悄然的感動中，也會慢慢地接納我們。俗話說：「你挖掘了清泉，泉水也會反過來滋潤你乾涸的心田。」

現實中，我們常常會遇見一些不好對付的難事，這時，只要我們有很好的口才，一切都將變得簡單。

朋友，要相信，沒有什麼是不可能的！只要我們掌握了說話的技巧，練就一副好口才，那麼我們就能無往而不勝，成為最受大家歡迎的陽光青少年。

有自信說話才能得力

　　青少年朋友，在與人交往中，你是否曾逃避某種局面，但內心希望用更好的方式來處理呢？有時候，你是否覺得自己的權利被忽視？你能否回想起發脾氣，以及沒人理解你意見的時候？如果你對其中任何一個問題，回答「是」的話，你可能在堅定自信的表達方面，受到了挑戰。

　　自信是每個人必須具備的心理素養，如果在和人談話中，我們沒有自信，就不能勇敢地和人談話，這會不利於自己人際關係的發展。

　　在美國歷史上，有位名叫羅斯福（Franklin Delano Roosevelt）的總統，當時身為參議員的他，可以說是智勇雙全，少年才俊，深受廣大人民擁護。有一次在海邊度假，羅斯福游泳時，突然出現腿部麻痺痙攣的症狀，一時無法動彈。幸運的是，他被友人及時救出，避免了一場災難。

　　經過醫生的診斷，羅斯福罹患「麻痺症」。當醫生對他說「恐怕你會喪失行走能力」時，羅斯福自信地回答說：「我還要走路，我要走進白宮。」

　　第一次競選總統時，羅斯福對助選員說：「請你為我布置一個大講臺，我要讓選民們清晰地看到我這個患有麻痺症的人，可以甩掉拐杖，走到講臺演講。」他走上講臺的每一步，以及他走上講臺所表現出滿懷自信的面容，深深感動著每個美國人。

　　後來，羅斯福成為美國史上唯一連任四屆的偉大總統。他身殘志堅的形象，受到人們的尊重。

　　很多時候，我們注重的是口語交際的技巧，而忽略了語言可以喚醒信仰力量的重要性。對每個人來說，談話技巧不容忽視，而「說出自

信」，則是很多事情成功的關鍵。如能在現實生活中具備「先聲奪人」的氣勢，不但會為自己帶來自信和成功，同樣也會帶給他人鼓舞和力量。

在我們身邊，有的朋友不善於表達，有想法總是悶在心裡，這不是因為缺乏技巧，根本原因是無法建立說話的自信，擔心說出來不被人認可，會貽笑大方。

實際上，在日常交際中，學會勇敢地自我表達，就是自信的表現。同樣，我們周圍的朋友和親人也會對自己另眼相看。

在歷史上，將「自信」說出來的例子舉不勝舉。以下我們再來看兩則故事。

法國淪陷時，戴高樂將軍堅決要求抵抗德國侵略者，他利用英國的廣播電臺，向法國人民和全世界莊嚴宣布：「法國的事業沒有失敗，法國並非單槍匹馬！我們不是孤軍奮戰！我們不是四處無援！法國的抵抗不會停止，也絕不會投降！」最終，在戴高樂的帶領下，法國獲得了勝利。

19 世紀美國盲聾女作家、教育家、慈善家、社會活動家海倫·凱勒（Helen Adams Keller），從小身患殘疾，卻始終以樂觀積極的態度面對生活，小海倫曾自信地說：「有朝一日，我要到大學讀書！我要上哈佛大學！」而這一天終於來了。

那麼，身為青少年，我們該怎樣才能讓自信自然地流露在言談舉止之間呢？這裡有幾個小技巧，你要好好地學習哦！

第一，想像自己是完美的化身。這是許多名模、影星在表演之前慣用的技巧，這同樣適用於聊天或討論的場合。面對眾多觀眾時，我們可以先靜坐下來，心中默想曾有的愉悅感覺，比如曾經有過的成功，或聆聽悠揚樂章，這種默想對建立自信有很好的效果。

第二，邁出自信的步伐。事實上，我們走路的姿態常不自覺地洩漏我們的祕密。為此，在任何時候，我們都應該昂首闊步，抬頭挺胸。

第三，仿效偶像。我們可以向自己所仰慕的、具有美好特質的人學習。他可以是明星，也可以是政治家，只要他們具備自己所希望擁有的特質，均可模仿。

第四，練習大膽表現自我。把自信心視為我們的肌肉，需要持之以恆地加以鍛鍊，如果稍有懈怠，它很快就會鬆弛。從現在起，和不期而遇的人進行一對一的交談吧！即使是與水電工或超市收銀員接觸，這樣開始訓練，也不錯哦！

第五，練習放鬆自己。我們要了解自己緊張的原因及表現，例如害怕時有什麼生理反應，是冒汗還是呼吸急促？知道了自己可能會有的反應，就可以透過一些放鬆的訓練來克服它，如緊張時做深呼吸……等。

第六，聊天時語氣要堅定。大部分不善於說話的人，都有聊天時聲音過於急促、細聲細氣的問題。其實，聊天的訣竅在於音量適當、語調平穩，速度不緩不急，此舉展現出我們對自己的信心十足。利用呼吸換氣時斷句，可以避免許多不必要的「嗯、啊」等語病，內容顯得流暢而有條理。切忌以疑問語調結束事實的陳述，以免影響語氣的堅定。

第七，處理「小事情」也要鼓足勇氣。採取大膽的行動，不要等到出現重大危機時再去當大英雄。日常生活也需要勇氣，在小事情上鍛鍊，才能培養出在重要場合下的沉穩氣度。

自信，要在內心樹立，透過言行舉止表現出來，而不是偽裝出來。它發自內心，不依賴於任何人。我們應該相信，每個人的潛力都是無限的，若再加上強烈的自信心，將自信透過語言表達出來，迎難而上，相信我們終會成功！

克服羞怯秒變社交達人

老實說，我們都經歷過這樣的事情，在和熟人相處時比和陌生人相處要容易得多，這是為什麼呢？因為，在一般情況下，我們在陌生人面前，會更容易羞澀。

但是，如果我們不僅在陌生人面前羞澀，在熟悉的人面前也羞澀，且無法自然地交談，那麼，就需要努力克服，才能好好地與人輕鬆說話。具體需要怎麼做呢？

第一，我們要放下心理負擔，拋棄一切顧慮，客觀地評價自己，了解並發揮自己的長處。每個人都有自尊心，羞澀的人多是過於維護自尊，又為自己的短處感到自卑，因而忽視自己的長處。越注意短處，越感到緊張，就會越怕羞。

一般來說，害羞的我們往往神經過於敏感，常在說話過程中，別人並沒有注意自己，自己卻下意識地認為周圍的人都在注意自己、評價自己，甚至「貶低」自己、「挑剔」自己。

於是，在交談時，我們就會出現語無倫次，舉止不得體等情形，隨之而來的就是否定自己、不相信自己，產生嚴重的負面心理反饋作用。

因此，為了克服羞澀，要注意利用自己的優勢來增加自信心。要明白「尺有所短，寸有所長」的道理，世界上沒有十全十美的人，獲得博士學位的人，也只是在某個領域有較高的成就，不可能當三百六十行的狀元。無論做什麼事情，最重要的是建立自信心。

海倫·凱勒說過：「對於凌駕於命運之上的人，信心是命運的主宰。」

第二，要嘗試結交知心朋友，增進相互間的了解。俗話說，「在家靠父母，出外靠朋友。」我們的一生，是需要和眾多朋友牽手走過的。同

學間的友誼，不是單方面的行為，要做到「知心」，需要有一個相互了解的過程。

害羞的人往往存有戒心，以為別人看不起自己。其實，尋找真正友誼的唯一途徑，就是「將心比心，以心換心」。也就是說，在交往過程中，對人要真誠，肯講真心話，不吞吞吐吐，不遮遮掩掩，這樣才能換來朋友的真誠。

第三，不要過度害怕別人的評價。怕在人多時講話，羞於與人打交道的人，最怕別人的否定評價。這就造成「越怕越羞，越羞越怕」的惡性循環。

驕傲自滿的人，聽不進別人的批評意見，這是要不得的；而害羞的人，在交往過程中，常常把別人當成「法官」，自己則處於「被告」地位，所以與別人在一起時，就覺得不自在、手忙腳亂、詞不達意，甚至會感到如坐針氈。

青少年朋友，我們應該明白，不必過度看重別人的評說，要堅定不移地按照正確方向去努力，把自己身上無形的束縛解開，建立一個真實的自我，樹立「走自己的路，讓別人去說吧！」的觀念，就可以逐漸變得不再羞澀。

第四，意念控制。每到一個陌生場合，感到有可能會引起羞怯時，就暗示自己鎮靜下來，什麼都不去想，把眼前的陌生人當成自己的熟人。

研究顯示，一個非常怕羞的人，當他在陌生場合勇敢地講出第一句話後，隨之而來的將不再是新的羞怯，而很可能會滔滔不絕。用自我暗示的意念控制方法，來突破開頭的阻力，是一種有效的措施。

第五，要採用有效的鍛鍊方法，克服羞怯。老師和家長可以為我們創造有利條件，我們也可以創設情境。先讓自己在熟人面前講話；再到生人少、熟人多的場合講自己熟悉的事情，且經常練習；最後到生人

多、熟人少的場合自如地講話。循序漸進，逐步樹立自信心，增加對羞怯的抵抗力。

同時，我們還要積極參加各項群體活動，和同學一起爭論問題、交流想法，有意識地鍛鍊自己。平時利用課堂時間老師提問的機會，大膽舉手回答問題，不要怕答錯；當班上召開主題班會時，盡量爭取機會發言。

這些都有利於克服羞怯的問題，提高交往的能力。當我們真正贏得別人的信任和誇獎時，也就克服了羞澀的弱點。

讓緊張怯場說拜拜

　　隨著我們不斷長大，進入就學階段，我們與社會接觸的機會越來越多，生活更加豐富多彩。

　　但是，在我們周圍，有些同學在人多的場合總喜歡躲在一旁，一要他發言，他就緊張，說話結結巴巴，明明自己知道的問題，當眾也答不出來。

　　「哈佛不僅給我無上的榮譽，連日來為這個演講承受的恐懼和緊張，更讓我減肥成功。這真是一個雙贏的局面。」這是大家都熟知的暢銷書《哈利波特》（*Harry Potter*）的作者，在哈佛演講時說的話，表達了她深深的感受。

　　每個人都會緊張怯場，然而對大多數人來說，緊張不是不治之症。當一個人在演講之前，發覺自己心跳加速、渾身顫抖、不由自主地流汗，並感覺口乾舌燥時，這顯示他已陷於緊張和怯場。緊張和怯場有很多種表現。

　　一位女士在一個房間裡，發現一位男士在走來走去，且不停自言自語。

　　女士關切地問：「你在幹什麼？」

　　男士回答：「我將要在一個宴會上發言，現在還剩 0 分鐘。」

　　女士又問：「你總是這樣緊張嗎？」

　　男士說：「我並不緊張。難道妳覺得我很緊張嗎？」

　　女士說：「你在走來走去，且自言自語，最關鍵的問題是，你現在在女用洗手間裡。」

　　這個故事看起來是個幽默故事，其實不是，它是人在過度緊張時常

第二章　大膽開口不矯情

常會有的表現，它往往會使人陷於尷尬之中。但是，我們應該明白，在與人交流、說話或演講時表現出的緊張，對大多數人而言，是可以避免的，我們完全可以採用以下方法來克服。

第一，努力讓自己放鬆。一般來說，容易在人前說話緊張的人，大多是說話時呼吸紊亂，氧氣的吸入量減少，頭腦一時處於空白狀態，從而無法把所想的詞語說出來。

在某種意義上來說，「呼吸」和「氣息」是同個意思，因而調整呼吸就是「使氣息安靜下來」。

我們在說話時發生的不正常情況，通常都是這樣的順序：怯場→呼吸紊亂→頭腦反應遲鈍→說些支離破碎的話。因此，調整呼吸會讓自己恢復正常狀態。

說話時全身處於鬆弛狀態，靜靜地進行深呼吸，在吐氣時稍微加一點力氣。此外，笑對緩和全身的緊張狀態也有很好的幫助。微笑能調整呼吸，還能讓頭腦的反應靈活，話語集中。

第二，練習一些好的話題。在平時的學習和生活中，我們可以隨時注意觀察同學和老師的話題，哪些吸引人、哪些不吸引人？為什麼？原因是什麼？自己開口時，便自覺地練習講一些能引起別人興趣的事，同時避免引起不良效果的話題。

第三，訓練迴避不好的話題。哪些話題應該避免呢？從我們自身來說，首先應該避免談論自己不完全了解的事情。

一知半解、似懂非懂、糊裡糊塗地說一遍，不僅不會為別人帶來什麼益處，反而給人留下虛浮的壞印象。若有人就這些對我們發起提問，而我們又回答不出，則更為難堪。

其次是要避免談論我們不感興趣的話題。試想，連我們對自己所談的都不感興趣，怎能期望對方隨我們的話題而興奮起來呢？如果強打精

神、故作昂揚，只會自受疲累之苦，別人還可能看出我們的不真誠。

第四，訓練豐富話題內容。有了話題，還得有言談下去的內容。內容來自於生活，來自於我們對生活的觀察和感受。我們往往可以從一個人的言談看出他的內涵及對生活懷有什麼樣的情感。

積極向上的人，總是對周圍許多人和事物充滿熱情，很難想像一個冷漠而毫無情致的人，會興致勃勃地與我們談論一個人們都感興趣的話題。

第五，訓練自我評價語言方式。雖然我們在和人應酬交談當中，不可能時時都能讓對方感到愉快又有趣，但是訓練有素的談話方法，的確能幫我們贏得社交，給人留下好印象。

在公共場合與人交談是一種社會行為，像其他行為一樣，談話也有一定規矩，每個有教養的人都應該遵從。與人談話，哪些可說，哪些不可說，也都有很多講究。

如不談對方深以為憾的缺點和弱點；不談老師、同學以及朋友們的壞話；不談人家的祕密；不談不景氣、手頭緊之類的話；不談一些荒誕離奇、黃色淫穢的事情；不隨意詢問女性的年齡、財產等資訊；不訴說個人恩怨和牢騷；不講述一些尚未明辨的隱衷是非；避開令人不愉快的疾病詳情；忌誇自己的成就和得意之處。

第六，要敢「厚臉皮」。在我們周圍有些人，沒開口便怕人笑話，若與陌生人在一起，更是閉口無言，結果是有話不敢說，甚至事事無成。

不敢說話是人際交往中的一大心理障礙，一定要有勇氣和膽量堅決克服。首先要客觀分析自己的交際情況，找出產生說話膽怯的心理原因，然後對症下藥。以下介紹幾種非常簡單而又行之有效的方法。

方法之一，仔細回憶，把以前被人笑過的事實追憶出來。也許我們在某個年齡時，在什麼人面前，因為什麼事，受到某種刺激。如果我們

第二章　大膽開口不矯情

把以前笑過自己的人，或被他人取笑的某些話，從回憶裡找出來，讓自己了解怕羞的來源，挖出怕羞的根，這樣就不覺得有什麼可怕了。

方法之二，解剖事實，分析情理，尋求解決途徑。我們可以想想：某個人取笑我們說的話，不等於每個人都取笑過我們；如果我們的話可笑，那並不是我們所說的每句話都會被人取笑；如果我們的話可笑，那別人笑的只是那句話，而不是我們本身；而且，大家都知道，誰都曾被他人取笑過，這是很平常的事。

還有，如果笑我們的人，是個以取笑別人為樂的人，那麼大部分的錯，不在我們身上，而在喜歡取笑他人的那個人身上。為此，我們想擺脫這種處境，最好以後盡量避免在這個人面前說話。

方法之三，把自己在現實生活中的遭遇，特別是關於說話之類的事，反覆地想一想，認真地清醒自己的頭腦，正確地對待是非問題。

比如，可以反省一下：為什麼怕人笑呢？自己說的話真的值得被人取笑嗎？怎樣才能避免被人笑話呢？是不是自己說話缺乏自信，而致使別人取笑呢？究竟怎樣才能克服自己的弊端，提高語言交際能力呢？如果我們能真正地把這些問題分析清楚，查出問題的癥結，一切也就容易解決了。

此外，我們還應該知道，適當的身體調適，也是克服緊張的有效方法。容易在談話中出現緊張的我們，要學會適時釋放壓力。可以採用以下方法：

一是深呼吸。深呼吸練習是最古老的一種釋放壓力的方式。生理學家說，我們在呼吸時，釋出二氧化碳，增加大腦的供氧量。

方法是這樣的：伸展身體。盡量舒展我們的身體大約 10～15 分鐘。轉動頭部，盡量擺動上肢，張開嘴巴，慢慢地吸一口氣，盡量讓時間延長，然後慢慢地呼出去。

　　重複這樣的動作，多做幾次。這些動作能緩解肌肉緊張和疲勞，且也不需要什麼特定的場地，隨時隨地都可以進行，而且效果出奇的好。

　　二是按摩。當我們在緊張時，有兩個最容易感到疲勞的地方，那就是太陽穴和脖子，按摩這兩個部位，直到消除緊張情緒為止。

　　當然，這些都是消除談話緊張的輔佐方法，關鍵還是要放鬆心情，讓內心平靜下來，充滿自信地與人談話、交流或演講，相信自己一定能勇敢地說話。

從此不再尷尬冷場

在人際交往中，不知道你是不是也有過這種情況：就是當自己和三、五個知己一起談話時，會覺得非常輕鬆自在，可是，當和陌生人一起聊天時，就會感到不知該說什麼才好。和陌生人之間，就好似隔著一道鐵門，不知道該如何打開這道鐵門。

其實，很多人都有過這種交際情況。那麼，當遇到這種情況時，又該如何打破僵局呢？這時，我們最需要的是找到話題，來緩和氣氛，使交談雙方放鬆自如，從而進入融洽的談話氣氛。換句話說，想與他人進行有效溝通，就要找到打開話匣子的鑰匙。

的確如此，任何語言溝通，絕對少不了一個開場白。一個好的開場白，是人際交往的潤滑劑，是保持我們良好溝通的一個開端。

一個合適的開場白，總能為我們的人際關係灑上一縷陽光，溫暖彼此的心。為此，身為即將進入社會的青少年，該如何找到打開話匣子的鑰匙，是不可不知，也不可不學的。

那麼，具體到現實生活中，我們該如何做到這一切呢？

第一，明智地選擇話題。如果我們想讓別人覺得自己有吸引力，最好的方法是說話真誠、清晰，這就要求我們要學會明智地選擇話題。

當我們與一位剛認識或不知底細的人交談時，避免冷場的最佳方法，是不停地變換話題，我們可以用提問題的方法進行試探，一個話題談不下去時，就換到另一個話題。

我們也可以接過話頭，談談自己最近讀過的有趣文章，或說說自己剛看過的精彩電影，也可以描述一件我們正在做的事情或正在思考的問題。

如果談話出現短暫停頓，也不要著急，不必無話找話聊，沉默片刻也無妨。要知道，談話是交流，可以涓涓細流，不必像賽跑那樣拚命地衝到終點。

第二，坦白地說出自己的感受。如，我們可能在聚會上對自己嘀咕：我太害羞，與這種聚會格格不入。或是剛好相反，我們認為許多人討厭這種聚會，但是自己很喜歡。

這時，無論如何，我們都應該將自己的感受向第一個似乎願意聽的人說出來，這個人可能就是我們的知音。坦白地說出「我在這裡一個人也不認識」或「我不知道該講些什麼」，總比讓自己顯得拘謹、冷漠好得多。因為大量的事實證明，最健談的人，就是勇於坦白的人。

以下這則小故事就說明了這個道理。

一次，在某個同學聯誼會上，國中二年級的張曉經同學介紹，跟鄰班同學、一個電腦高手馬迪相識了，張曉很想和馬迪交朋友，跟他學習電腦知識，但他不知道該怎麼說。

最後，張曉非常老實地對馬迪說：「不知道為什麼，我見到你這個電腦高手，有點緊張，可能是因為我對電腦一竅不通吧！」

馬迪聽完哈哈大笑，隨後兩人很自然地談話起來。

第三，談談周圍環境。如果我們對周圍的事情十分好奇，很自然就會找到談話題目。有一次，一個陌生人審視周圍，然後打破沉默，開口跟身邊的人說：「在候車室裡可以看到人生百態！」這就是一句很好的開場白。

第四，以對方為話題。有時候，我們往往千方百計地想讓別人注意自己，但大多時候都令人失望，因為他們不會關注周圍的人，尤其是陌生人。

因此，以對方作為談話的開端，往往能令他人產生好感。如我們可

第二章　大膽開口不矯情

以讚美陌生人一句「你的衣服搭配得真好」，或「你的髮型很時髦」等，便能使對方快樂，而拉近彼此的關係。

也許我們多數人都沒有說這些話的勇氣，不過我們可以說：「您看的那本書正是我最喜歡的。」或「我看見您走過那家便利商店，我想……」

有一個學生，他的名字叫劉強，老實、木訥，很少說話，永遠無法引起大家的注意。

一次，學校舉辦郊遊活動，在車上，劉強的位置剛好在班導劉老師的旁邊，兩人寒暄了幾句後，就陷入了沉默。

此時，劉強覺得這種大眼瞪小眼的氣氛，簡直讓人窒息，一定得說點什麼打破僵局，可是他從來不和老師交流，實在不知道該從何談起。

突然，劉強瞥見老師腳上穿著一雙發亮的皮鞋，非常顯眼，於是就說：「老師，您這雙鞋子真漂亮，在哪裡買的？」

原本只是沒話找話說，但老師一聽，頓時眼睛發光：「這雙鞋啊！我在國外買的，是我出差時買的呢！」

老師的話匣子一下子打開了，開始滔滔不絕地講述自己在服裝搭配上的心得，還善意指出劉強平時在學業上的不足，兩人相得甚歡。

下車時，老師意味深長地說：「劉強啊！看來以前對你的了解太少了，今後你要和老師、同學多多交流啊！」

劉強以鞋子為話題，正是使用「以對方為話題」這個重要法則，迅速拉近雙方的距離。「這雙鞋子真漂亮，在哪裡買的？」劉強原本只是沒話找話，但正是這句話，劉強和老師間的僵局馬上被打破，關係也改善了。從老師的最後態度來看，劉強也透過這個機會展示了自己，給老師留下了不錯的印象。

第五，提出問題。我們可以把這種談話視為投球、接球的動作，而許多難忘的談話也都是由一個問題開始的。

一個人到某個陌生的環境，沒有熟人，那麼該如何打破僵局？這裡要說到王濤的故事，就是一個很好的例子。

在一個談論成功之道的宴會上，王濤的老闆由於有重要事情要辦，便請公司職位最高的王濤代表自己來參加這次宴會。

王濤本打算過去露露臉就行了。可是，來到晚宴，發現全場只有6桌，自己還被拉到主桌，坐在王濤旁邊的是一位大富翁。

當晚，王濤覺得很難熬。可是，他只說了一句話，那位大富翁整晚就滔滔不絕。王濤只是問：「早就聽說您公司的大名了，請教您的生意是如何成功的？」

於是那位大富翁便滔滔不絕地講起他從年輕到今天的奮鬥過程。

由此看來，提問的方法是非常有效的。不必配合不同環境去找不同話題，只要我們記住「請教」這兩個字，就可以馬上讓對方打開話匣子。

另外，在提問時，我們可以把對方下意識的動作當成打開沉默的話題，這也不失為一個好方法。假如我們看到對方的咖啡加兩勺半的砂糖，也可發問：「不好意思，為什麼你非要放兩勺半砂糖不可……」

通常面對這類問話，人們都會熱心地回答，說不定還會喚起對方滔滔不絕的回憶呢！而對較內向、看起來羞怯的人，不妨多發問，幫助他把話題延續下去。

第六，多多寒暄。寒暄，就是人們見面時的應酬話，泛指人們碰面互相問候一下，以示禮貌和關心。寒暄是交談的潤滑劑，它能在兩個人的談話間，架起一座友誼的橋梁。

因為寒暄能產生認同心理，滿足人們的親和要求，因此，寒暄也是打開話匣子的一種方法。當我們出門時，遇到想結交的陌生人，就可以寒暄幾句：「您出門啦？」、「您這麼早啊？」……

總之，當我們掌握了以上技巧，無論主動或被動打開話匣子，都能

得心應手。一旦我們達到這個境界，無論自己處於哪個場合，都能迅速進入角色，隨心所欲地擴展人脈，為自己的學習與生活，營造一個又一個絕佳的發展機會，當然也就自然地成為一個擁有好人緣的陽光青少年了。

見什麼人說什麼話

我們生活在這個地球上，不論在學校還是校外，需要面對不同類型的人。這時，就要學會見什麼人說什麼話，對不同的人，選用不同的談話方式。

這樣，我們在人際交往中，才會一路暢通無阻，才會成為一個人們都喜歡的陽光青少年。美國總統羅斯福就經常這樣做。

在一次宴會上，羅斯福看見席間坐著許多陌生人，如何讓這些陌生人成為自己的朋友呢？他先找到一個熟悉情況的記者，從他那裡把自己想認識的陌生人的名字、興趣、愛好、專長等情況都打聽清楚，然後主動走過去，喊出他們的名字，談論他們所感興趣的事情。

此舉大獲成功，羅斯福一下子就贏得這些陌生人的心，前一分鐘還互不相識，轉眼間就成為很好的朋友。在羅斯福競選總統時，他們還成為羅斯福有力的支持者。

「先了解對方」、「談對方感興趣的事」，是羅斯福成為交際高手的最大祕訣。他每每與陌生人交往前，都會想方設法了解對方的興趣，甚至專門花時間閱讀、研究來訪者感興趣的題目，因而，無論與誰說話，他都能談得來，且都能很快地與他們成為朋友。

由此可見，說話一定要看對象，否則，就算我們再能言善辯，別人不買我們的帳，也是白費心思。所謂對象，有兩種，一是說話者，二是聽話者。

不同的說話者，地位、身分、性格、愛好、教育程度……等都不同，所以，同一內容，可用不同的語言表達。不同的聽話者，在各方面也有差異。

第二章　大膽開口不矯情

說話者要根據聽話者的不同情況採取不同的語言來表達，這就是所謂的「說話要看對象」。俗話說：「看什麼人說什麼話」，講的就是這個道理。

另外，當我們面對什麼人、講什麼話時，還有一些特殊情況也值得注意。

第一，教育程度不同，說話也要不同。如果自己是教育程度高的人，當我們和教育程度低的人說話時，就不能文白夾雜，之乎者也，要用一些最樸實明白的語言，從而讓對方一聽就懂。

而如果我們面對的是教育程度相當或較高的聽話者，這時，我們說話就可以講究一點語言的修飾了！

李利群是某校一個食堂的服務生，她的接待語言，就是「說話看對象」的範例。如果學校老師來用餐，李利群就這樣說：「老師，您要用餐，請這邊坐。來個涼拌雞絲或酸辣湯麵，清淡爽口，您看怎麼樣？」

如果是學生到食堂用餐，李利群就會這樣說：「同學，今天想吃什麼呢？是小炒類的呢？還是拌飯？」

李利群對不同的人所說的話也不一樣：對老師說話，她用語文雅、委婉；對學生說話，用語直接、爽快。這就恰到好處地運用了「教育程度不同，說話也不同」的技巧。

第二，身分地位不同，說話也要不同。如果我們和對方是差不多的教育程度，但由於我們和聽話者的地位、身分有懸殊的差異，說話也不能太隨便。

這時，應考量對方是什麼身分，而自己又是什麼身分，聽話者能不能接受自己的意見，一定要經過三思再開口。

孫明是某房屋仲介公司的業務，他的業績總是非常好，令同事很是羨慕。

一樣是銷售相同房地產的房子，大家都辛辛苦苦、熱情周到的推銷，為什麼客戶到孫明這裡，就總會成交呢？

有人問他其中的奧祕，孫明說他沒別的本事，只是會看對方的身分地位說話而已，並笑著舉了兩個例子。

孫明說：「某次看房時，王小姐看了三次錶，一看就知道她是個急性子。她對房子的戶型結構等都不太了解，很明顯，她看過的房子並不多。我就告訴她，最近公司為了慶祝成立三十週年，正在推出折扣優惠價，錯過這個機會，以後的房價至少會上漲一成。看得出此時王小姐有點心動，我又恰逢其時地接了兩通電話，約好下午帶另外兩個客戶來看這間房。王小姐當時就急了，立刻說這房子她要了，第二天她就交了首付。」

孫明又說：「還有一次，來了一對老年夫妻，他們看過很多房子，對房子的戶型結構等都非常了解，他們主要是想為孩子準備結婚新房。於是我就不厭其煩地帶他們看了一戶又一戶，並把每間房子的優缺點都介紹給他們。當時，那老太太對我說：『年輕人，你不僅告訴我們優點，還把缺點介紹給我們，你就不擔心我們不買你的房啊！』我回答她說：『阿姨，如果我只告訴你們優點，不說缺點，那麼到時候，這些缺點被你們自己發現，你們還不在背後罵死我啊！』就這樣，一來一往的，終於，他們被我的誠意打動，最後買下了離學校最近的一間社區的房子。」

孫明之所以業績非常好，是他善於根據說話對象的身分、地位來選擇如何說話。在生活中，如果我們也能做到這點，那麼，我們就很容易成為受人信賴和歡迎的人。

第三，雙方關係不同，說話也要不同。一般來說，我們和聽話者之間，有四種關係，即平等、上下、疏密、親朋關係。

有時候，儘管我們和聽話者教育程度相當、身分地位也差不多，但

第二章　大膽開口不矯情

我們還是應該考量一下自己跟對方的關係，然後再開口說話。

古人說得好，「在什麼山上唱什麼歌」，意思就是說，見到什麼人就要說什麼話，說話要看對象。

任何交際都離不開特定的對象，與人說話，當然必須根據對象的實際情況，像年齡、身分、地位、文化修養、性格、彼此之間的關係等。

說話時，我們還要考量當時的氣氛，哪些該說，哪些不該說。比如，打聽對方的年齡，對老年人不宜說「您幾歲？」，最好說「您今年高壽？」或「您今年高齡？」對小孩就應該說「你今年幾歲了？」。說話若不看對象，難免會事與願違。

說話要看對象，因人而異，這是一個常識，也是一個原則。曾有位偉人生動地說過：「射箭要看靶子，彈琴要看聽眾，寫文章、說話倒可以不看讀者、不看聽眾嗎？」

這裡，寫文章都要看讀者，更何況說話呢？比如對待一個身患絕症的病人，如果他是一個樂觀堅強、對生死超然、無所謂的人，我們不妨把實情和盤托出，讓他清清楚楚。

如果他是一個軟弱膽怯、懼怕死亡的人，那我們就盡可能說些善意的謊言，讓他活得安穩些，這麼做，沒人會指責我們。因為若我們對他如實相告，就很有可能加速他的死亡！

在俄羅斯流行一句諺語：「語言不是蜜，卻可以黏住一切東西。」說話時要看對象，根據交際對象來說話，這就要求我們在說話時，能夠注意聽話者的性別、性格、文化程度、文化背景、心理狀態等因素。忽視任何一項因素，都可能導致「無的放矢」，甚至還會給自己當頭一擊。

總的說來，在日常人際交往中，青少年說話不能我行我素，想說什麼就說什麼，而要看準對象，從對象的不同特點出發，說不同的話，從而創造一種和諧、融洽的氣氛，為我們的人際交往加分。

能說會道的訓練祕笈

　　青少年朋友，當你看到那些成功者，無論在何時何地都能泰然自若地完成每一次演講時，你是否羨慕他們有一張能說會道的嘴呢？也許你會說：「是的，我真希望自己和他們一樣！」

　　其實，大量的事實證明，在這些成功人士中，只有很少部分的人是天生的演說家。絕大多數，都是透過後天訓練得來的。

　　美國總統林肯為了練口才，徒步 30 多公里，到法院去聽律師們的辯護，看他們如何論辯，如何做手勢，他一邊傾聽，一邊模仿。

　　他聽到那些雲遊八方的福音傳教士們，揮舞手臂、聲震長空地布道，回來後也學他們的樣子。

　　他曾對著大樹、樹樁、成行的玉米……等，練習自己的說話能力。經過長期地刻苦訓練，最終成為一位口若懸河、能言善辯的著名演講家。

　　日本首相田中角榮，少年時曾患有口吃，但他不被困難擊倒。為了克服口吃，練就口才，他常常朗誦、慢讀課文；為了準確發音，他對著鏡子糾正嘴和舌的部位，嚴肅認真，一絲不苟。

　　這些偉人與名人，為我們訓練口才樹立了光輝的榜樣，青少年想練就一副禁得起嚴格考驗的口才，也必須像他們那樣，一絲不苟，刻苦訓練。正如華羅庚在總結「練口才」的體會時說的：「勤能補拙是良訓，一分辛苦一分才。」

　　這裡，專門為你推薦幾種練習口才的方法，我們一起來學習一下吧！

1. 速讀法

　　這裡的「讀」，指的是朗讀，是用嘴去讀，而不是用眼睛去看。顧名

思義，「速讀」也就是快速地朗讀。這種訓練方法的目的，在鍛鍊我們口齒伶俐，語音準確，吐字清晰。

2. 背誦法

相信我們每個人都有背誦課文的經驗。這些課文或是詩歌、散文、小說，我們背誦它們的目的也各有不同。

有的是因為老師要求必須背誦，而不得不背；也有的是為了記憶某名詩、名句，以此來豐富自己的文學素養。而這裡提倡的背誦，主要目的是鍛鍊口才。

我們要求的背誦，並不僅僅要求你把某篇演講詞、散文背下來就算完成任務，我們要求的背誦，一是要「背」，二是要「誦」。所謂「誦」，就是讀出聲音，這種訓練的目的有兩個：一是培養記憶能力，二是培養口頭表達能力。

3. 練聲法

練聲，也就是練聲音、練嗓子。平時我們都喜歡聽那些飽滿圓潤、悅耳動聽的聲音，而不願聽乾癟無力、沙啞乾澀的聲音。所以鍛鍊出一副好嗓子，練就一腔悅耳動聽的聲音，是我們練好口才的另一個必做的事情。

練聲的方法分為練氣、練口腔和練習吐字三個步驟。

第一步，練氣。俗話說練聲先練氣，氣息是我們身體發聲的動力，就像汽車上的發動機一樣，它是發聲的基礎。氣息的大小，對發聲有直接的關係。氣不足，聲音無力；用力過猛，又有損聲帶。所以我們練聲，首先要學會用氣。

吸氣：吸氣要深，小腹收縮，整個胸部要撐開，盡量把更多的氣吸

進去。我們可以體會一下，當聞到一股香味時，是怎樣的吸氣方法。不過，這裡還需要注意的是，在吸氣時不要提肩。

呼氣：呼氣要慢慢地進行，要讓氣慢慢地呼出。因為我們在演講、朗誦、論辯時，有時需要較長的氣息，只有呼氣慢而長，才能達到這個目的。練習呼氣時，可以把兩齒基本合上，留一條小縫讓氣息慢慢地通過。

為了練習，我們還應多做一些以下的訓練：

第一，深吸一口氣。數數，看能數多少。

第二，跑 20 公尺左右，然後朗讀一段課文，盡量避免喘氣聲。

第三，按字正腔圓的要求讀成語：英雄好漢→兵強馬壯→爭先恐後→光明磊落→深謀遠慮→果實纍纍→五彩繽紛→心明眼亮→海市蜃樓→優柔寡斷→源遠流長→山清水秀。

體態：用嗓做氣息訓練時，標準姿態是要求保持肩平頸正，雙手位置可提在胸腹間或自然垂直兩側，全身放鬆。

第二步，練口腔。也就是在練發聲前要先做的準備工作。先放鬆聲帶，用一些輕緩的氣流振動它，讓聲帶有點準備，發一些輕慢的聲音，千萬不要張口就大喊大叫，否則會對聲帶產生破壞作用。這就像我們在做激烈運動之前，要先做暖身運動一樣，否則就容易使肌肉拉傷。

聲帶活動開了，還要在口腔上做一些準備工作。我們知道口腔是人的一個重要共鳴器，聲音的洪亮、圓潤與否，與口腔有直接關係，所以不要小看口腔的功能。

第三步，練習吐字。吐字似乎離發聲較遠，其實兩者息息相關。只有發音準確無誤，清晰、圓潤，吐字才會字正腔圓，才能準確表達自己的意思。

可以先從繞口令開始，主要是為了幫助大家訓練口齒靈活、語音準

確、吐字流暢、字正腔圓。訓練時，一定要按照正確的發音部位和發音方法練習。一方面要注意糾正自己的發聲問題；另一方面還要利用和發揮自己的長處，揚長避短。

這裡推薦一個繞口令：

八百標兵奔北坡，砲兵並排北邊跑；砲兵怕把標兵碰，標兵怕碰砲兵炮。

繞口令練起來有些繞口、難發音，但它卻是學好說話必不可少的練習材料。透過繞口令的練習，不僅可以加強咬字的力度，提高咬字的靈活度，同時也可以有效地鍛鍊呼吸的控制能力。

在練習時，最初應該特別注意字音品質，要把音發準，力使穩，打開韻腹，俐落收音，做到吐字準確、清晰、圓潤。然後由慢到快，逐漸加速，可按音、字、詞、句、段五步練習法循序漸進。

我們知道，繞口令練習並非只是耍嘴皮子，而是既練「嘴」，又要練「心」，不能一味求快。在訓練時，我們還要注意結合氣息、控制練習。在開口前要注意放鬆喉部、氣息下沉。

「運行」當中要補氣自如，輕鬆流暢，字音速度由慢漸快，要做到慢而不斷，快而不亂，最後還要注意吐字清楚、感情充沛。因為氣是發聲的動力，氣息調整不好，字的「運行」就會發生故障，聲音的品質也就無法保證。

4. 模仿法

每個人從小都會模仿，模仿大人做事，模仿大人說話。其實模仿的過程也是一個學習的過程。小時候學說話，是跟爸爸、媽媽及周圍的人學習、模仿。那練口才也可以利用模仿法，向這方面有專長的人學習。這樣天長日久，我們的口語表達能力就會得到提升。

這種方法的具體做法是：

第一，專人模仿。在生活中找一位口語表達能力強的人，請他講幾段最精彩的話，錄下來，供我們進行模仿。也可以把自己喜歡、並適合自己模仿的播音員、演員的聲音錄下來，然後進行模仿。

第二，專題模仿。幾個好朋友在一起，請一個人先講一段小故事、小笑話，然後大家輪流模仿，看誰模仿得最像。

為了刺激積極度，也可以採用打分數的方式，大家一起來評分，表揚模仿最成功的一位。這個方法簡單易行，且有娛樂性。課上、課間、課後都可以進行。

運用這個方法時，需要注意的是，每個人講的小故事、小笑話，一定要新鮮有趣，大家愛聽、愛學。且在說之前，一定要進行準備，一定要講得準確、生動、形象，千萬不要把錯誤的東西帶進小故事、小笑話中，否則模仿的人跟著也模仿錯了，就會危害到很多人。

不過，在模仿時，要盡量模仿得很像，要從模仿對象的語氣、語速、表情、動作等，多方面進行模仿，並在模仿中創造，力爭在模仿裡超過對方，這樣才能達到最佳的效果。

5. 角色扮演法

「角色」一詞，是從戲劇、電影中借用過來的，是指演員扮演的戲劇或電影中的人物。我們這裡講的角色，與戲劇、電影中講的角色，其實有著相同的意義。

角色扮演法，就是要我們學演員那樣去演戲，去扮演作品中出現的不同人物，當然這個扮演主要是在語言上。其具體的做法是：

第一，選一篇有情節、有人物的小說或戲劇為材料。

第二，對選定的材料進行分析，特別要分析人物的語言特點。

　　第三，根據材料中人物的多少，找同學分別扮演不同的角色。比比看，誰最能準確地扮演自己的角色。

　　第四，也可以一個人扮演多個角色，以此培養語言適應力。

　　這種訓練的目的，在於培養我們的語言適應性、個性，以及適當的表現力。

第三章　好嘴巴助力社交

　　和人說話，要以理服人，要以情感人。為此，在與人交談時，我們應該用各種智慧，使自己的語言具有吸引力，才更能結交朋友，讓自己的人際關係更開闊。

會說話，交際才能成功

說話既是一門科學，更是一門藝術。在經濟發展的現代，溝通的重要性正日益顯現。在一個群體中，要讓每個成員能在一個共同的目標下，協調一致地努力工作，就絕對離不開說話。

在每個群體裡，成員要表示願望、提出意見、交流思想；群體的領導者在了解下情、獲得理解、發布命令，這些都需要借助說話完成。

每個人生活在一個群體之中，而人際關係就成為你與社會交往的一條紐帶。在現代社會中，不善於說話，便會失去許多合作的機會；而沒有合作，單靠一個人或少部分人的努力，是不會成功的。

在說話時，人們不僅傳遞消息，而且還表達愉快之情，或提出自己的意見觀點。雄辯滔滔、口若懸河並不是溝通技巧的全部。除此之外，說話還有廣闊的領域。人們經常使用非言語方式，如面部表情、語音、語調等，來強化說話的效果。

身為社會的一員，一生可能會與各種人打交道，這就需要掌握說話的藝術。在與人交談時，要容忍別人的不同觀點或意見。由於每個人生活經驗不同，學識各異，不管別人的觀點或意見多麼荒謬，自己要先聽，並試著去容忍和接受。

說話時，語義要明確，表達要清楚。無論自己的意見多麼精彩，若想讓別人領會，第一是要求對方要「聽」，第二就與自己的語義表達相關了。

說話既是技術，也是藝術。當兩人吵嘴後，要讓第三人評理時，我們常聽到吵嘴者說「我剛才不是這個意思」，「當時你如果這麼說，我就不會生氣」等推託之詞。所以，很多時候，雙方在溝通中由於語義不

明，就難免會引起爭吵。

在與別人講話時，要給予得體的反應。在人與人語言溝通時，要懂得用口語和肢體動作做出合適的反應，再引導對方更多的陳述。出現爭端，不要使用諷刺或辱罵的話語。

交談要在彼此尊重的情況下才能進行，如果互相存在排斥、拒絕的心態，那就不可能溝通了。在出現爭端時，切忌在口頭或肢體語言上表現出侮辱、諷刺、蔑視的態度。溝通中的雙方，不管是誰的顏面受到傷害，都會影響溝通的效果。

當自己的意見與對方出現衝突時，難免會發生爭執，要切記，爭論要對事而不對人。彼此相對時，要針對此時此地的事做討論，既不要重翻舊帳，也不要把事情擴大化。

如果你是領導者，與別人講話時，最好帶有實際行動。想勸人改變其態度或做法，不要先批評指責，而應理解對方的感受，給予恰當的幫助指導，最好伴隨實際行動。

我們常在工作中聽到「批評了老半天，到底有什麼具體的意見可提出來？」、「只會批評、指責，說不定他自己也不懂」……等抱怨。也就是說，提意見的人沒有做出榜樣，沒有相應的行動。

說話時不伴隨實際行動，會讓自己發表的意見不被接受，有時還會被誤解，造成敵意，發揮不了溝通的效果。

善於說話的人，總是盡量把長處呈現在人們面前，如伶俐的口才，淵博的知識，溫文爾雅的舉止，甚至巧妙地化妝，都能成為追求成功的利器。

化解刁難的小絕招

　　想一想，在我們與人來往時，有沒有遇過別人故意刁難自己的時候呢？那麼，當遇到這種情況，我們該怎麼辦呢？

　　這時，如果我們能憑著自己能說會道的口才，把對方的故意刁難巧妙化解，我們很快就能化險為夷。當然，回答提問的技巧，主要是在提問的前提裡。

　　在回答之前，一定要認真分析對方的問話。如果不加分析，隨口即答，就可能被對方所控制，掉進「語言陷阱」。所以，分析前提是成功回答問題的關鍵。在掌握這些之後，我們可以選擇如下幾種回答方法。

　　第一種是設定條件法。

　　對方提問的內容，有時可能很模糊，有時很荒誕，甚至很愚蠢，讓人很難回答。這時，我們可以用設定條件法回答。

　　有一天，某校國三的老師帶學生去郊遊，當大家路過一條河時，老師指著河裡的水問學生：「同學們，誰能告訴我，這條河的水有多少桶呢？」

　　同學們一時不知該怎麼回答，一個叫宋靜的同學靈機一動，回答說：「如果桶有河那麼大，那只有一桶水；如果這個桶有河的一半大，那麼就有兩桶水⋯⋯」

　　宋靜同學的回答十分巧妙。因為這個問題很怪，老師想故意難倒學生。宋靜無法直接回答，只能先設一個條件，後說結果。條件不同，結果也就不一樣了。

　　第二種是巧借前提法。

　　巧妙地利用對方的問話，在回答時也能收到良好效果。其中，仿照

和借用問話中的情態和詞語，演變出一種出人意料的應答，是應付問話的一種較為理想的方法。

1972 年 5 月，在維也納的一次記者招待會上，《紐約時報》（*The New York Times*）記者向季辛吉（Henry Alfred Kissinger）提出美蘇會談的程序問題：「屆時，你是打算點點滴滴地宣布呢？還是來個傾盆大雨，成批地發協定呢？」季辛吉一字一板地答道：「我們打算點點滴滴地發表成批聲明。」會場頓時哄堂大笑。

季辛吉巧妙地利用對方的問話，仿照問話的詞句和情態，用幽默風趣的話語與記者周旋。這種方法，很值得我們借鑑。

第三種是否定前提法。

對於對方的問話，有時我們可能並不贊同。特別是當對方帶著一種不友好的態度問話時，我們需要做出否定的回答。否定回答主要是否定對方問話的前提，其中包括觀點、態度和傾向。

有個故事如下：

有位詭辯家問：「你是否停止打你父親了？」這位詭辯家想使他陷入困境，不管他答「是」，還是「否」，都會掉進語言的陷阱。

他很聰明，答道：「我從來沒有打過他。」

這個回答完全否定了問話中前提的含義，致使詭辯家的陰謀未能得逞。

第四種是借助他人法。

在談話中，如果因為我們自己的難堪，造成整個氣氛不和諧，可能會有知趣的人站出來，及時替我們解圍，這時，我們就該抓住時機，順著他人的解圍及時撤出。

某校高一一位叫周樂的男生，喜歡和他人詭辯，且以此為樂事。一天，將近中午吃飯時間，同桌的曉峰深有感觸地說：「人是鐵，飯是鋼，

一天不吃餓得慌。」

　　周樂接著說：「這句話就不對了，據科學分析，人是可以餓七天的。」

　　曉峰說：「那你餓七天看看。」

　　周樂接著說：「你又錯了，你也是可以餓七天的。」

　　曉峰說：「我才沒那麼傻呢！只有瘋子才會那麼做。」

　　周樂又說：「歷史上很多當時被認為是瘋子的人，後人把他們看成偉人。」周樂就這樣無限地推演下去，哪知曉峰的個性淳樸，不喜歡這樣，後來就有點無法忍受了。

　　這時，周樂的好友張陽見狀，湊過來說：「我們曉峰最大的『優點』，就是說錯了話還不承認。」

　　曉峰接過話頭說：「還是張陽最了解我。」說著對周樂一笑，走開了。

　　能巧妙回答問題，是需要智慧的，那是一種令人憧憬的高層次口才藝術境界。想答得巧妙，必須注意生活感受的累積，加強對語言的修養，才能達到理想境界。

　　現實生活中，我們可能會遇到一些突發事件，這時，就需要發揮自己的聰明才智，輕鬆應對。

　　要知道，人生很多時候固然是靠才能闖蕩社會，謀生求發展的，但某關鍵時刻、某特殊場合，助我們一臂之力的，往往不是那些十分重要的才華技能、甚至閱歷資質，而僅僅是一句巧妙的話語。

　　當然，我們想用巧妙的話語來化解自己的困境，還需要多讀書、多學習新知識，才能在面對他人提出的問題時，很快地想到解決的妙語，在任何突發問題上都能巧妙應對。

說服別人的經典妙招

　　生活在當今這個競爭激烈的社會，無論我們扮演什麼樣的角色，在很多時候，都需要與他人合作才能達成自己的目標。

　　這時，我們需要別人接受我們的觀點、想法，然後和我們共同採取一致的行動。可是，如果對方不願意接受我們的想法、觀點，那該怎麼辦呢？這就需要具備說服他人的本領。

　　在說服他人時，常常會遇到一種情況：在與別人爭論某個問題時，明明自己的觀點是正確的，但就是無法說服對方，有時還會被對方駁得啞口無言。這是什麼原因呢？其實就是因為自己說不出想要說的話，不知道如何說服別人。

　　所以，我們要爭取讓別人贊同我們的觀點，而僅僅觀點正確是不夠的，還要掌握微妙的說服技巧。

　　有這樣一個故事：

　　北風與太陽打賭，說它可以吹掉一個人的大衣。太陽答應和它打這個賭。於是北風用力地吹啊吹，而那個人則用力地將大衣裹在自己身上，不管北風颳得多猛烈，它只讓那個人將大衣裹得更緊。最後，北風只好放棄了。

　　太陽說：「我知道該怎麼做。」太陽開始將溫暖的陽光灑在那個人身上。幾分鐘後，那個人慢慢鬆開了大衣。

　　接著，太陽更溫暖地照耀這個人，最後，那個人將大衣完全脫掉。憑著自己的溫暖，太陽很快地做到了北風竭盡全力也做不到的事情。

　　太陽之所以能讓那個人脫下大衣，正是因為它了解那個人的心，它知道只有足夠的溫暖，才能使他把大衣脫掉。

第三章　好嘴巴助力社交

　　而我們說服他人同意自己的觀點，和在陽光的照耀下使人脫掉大衣是同個道理。我們只要了解對方所需，摸透對方的心，再開口，就會得到我們想要的結果。

　　一對美國夫婦帶孩子去看電影，沒替孩子買票，理由是「孩子還小，還不需要買票」。

　　售票員笑著說：「看您的孩子長這麼高，快到您肩膀了，您應該因幫他買票而感到高興啊！」

　　那對夫婦臉上馬上浮現出笑意。「是啊！這孩子長得真快。」母親笑著說，父親掏錢買了票。

　　從這件小事可以看出，售票員正好說中那對夫婦希望孩子快快長大的心願。說了一句動聽的話，使那對夫婦欣然接受售票員的意見，改正了錯誤。

　　試想一下，如果當時售票員沒好氣地說：「嘿！你孩子長這麼高，還不買票，你不知道沒買票不能進去？出去，出去！」

　　那對夫婦在大庭廣眾下很沒面子，必然會產生反感的心理，從而反唇相譏、針鋒相對，甚至可能拒絕買票，帶孩子走進電影院。

　　這樣一來，電影院的秩序必會被破壞，會影響到觀眾看電影，也會影響售票員的工作。

　　從上面的例子可以看出，在說話時應抓住對方的心理特點、性格等，才能使對方心服口服。

　　一個人的心理特點通常表現為性格特徵，人們堅持某種觀點的程度，往往受其性格所影響。

　　一般來說，性格倔強的人，其觀點往往不容易改變，但若能掌握他倔強的性格特點，「對症下藥」，要說服他往往能速戰速決。

　　而性格溫和的人，要他接受我們的觀點，往往需要採取迂迴的策

略，因為這種人通常非常自負，他表面上可能會立即被我們說服，但並不一定是真正的心服口服。所以針對不同性格特徵的人，採取不同的說服方法，也是我們應該掌握說服他人的技巧之一。

所謂「對症下藥」。這個「對症」，就是要求在說服他人時，抓住對方的心理。人都有一個共同的特點，就是都不願意做「非出本意」的事情。

如果我們無法抓住對方的心理，對症下藥地去說服別人，別人是不可能接受我們的觀點的。

俗話說：「人心隔肚皮」。意思是指不容易知道別人的真正意圖，不容易抓住別人的心理。但是，有經驗的溝通者卻是善於抓住對方心理的。

在說服他人時，應先抓住對方的心理，使對方產生「知音」感，維護對方的心，然後再開口說話，這樣才能獲得最好的效果。

在生活中，不同人的內心世界也是不一樣的，而人的內心世界並非絕對「祕不示人」，掌握一定的技巧，便能了解對方的心理，說服他時才能說到要害，引起對方的共鳴和知音之感。

這樣對方才願意接受我們的觀點，我們也才能成功地說服他人。所以，青少年們想要更有效地說服他人，就要先摸透人心後再開口，這樣往往能達到意想不到的效果。

說話的時機要剛剛好

通常來說，在人際交往時，談話往往會被視為考察一個人人品的重要標準，也是我們與他人交流感情，增進了解的主要方法。

那麼，在日常生活，我們該如何說話呢？這是一門藝術。在我們身邊，有人說起話來滔滔不絕，容不得其他人插嘴；有人為展現自己的伶牙俐齒，總是喜歡用誇張的語氣來說話，甚至不惜危言聳聽；有人以自己為中心，完全不顧他人的喜怒哀樂，一天到晚說的只有自己。

這些人說話的內容不論多麼精彩，若時機掌握不好，就無法達到說話的目的。因為聽者的內心，往往隨著時間變化而變化。想讓別人願意聽我們說的話，或接受我們的觀點，就要選擇適當的說話時機。

選擇說話時機是非常重要的。但何時才是這「決定性的瞬間」？怎麼判斷並抓住時機，並沒有一定的規則，主要是看對話時的具體情況，憑我們的經驗和感覺而定。

具有高明演說技巧的人，往往能很快發現聽眾感興趣的話題，同時能伺機開口，說得適時適地，說得恰到好處。

也就是說，能把聽眾想要聽的事情，在他們想要聽的時候，以適當的方式說出來。這不但要說到別人的心坎上，還要利用這個時機，巧妙地表達出自己的意思，達到辦事的目的。

中國第一位現代舞拓荒者裕容齡，幼年時隨外交官父母遷居巴黎，由於受舊禮俗束縛，一直不敢進言學舞的願望。

有一次，日本公使夫人到她家做客，問其母：「妳家小姐怎麼不學跳舞呢？我們日本女孩子都要學的。」

裕夫人不便拒絕，順水推舟道：「往後再學吧！」

裕容齡趁機進言：「好母親，我今後就學日本舞跳給妳看，好嗎？」說罷，她便換上舞衣，跳起「鶴龜舞」，公使夫人誇讚不已，裕夫人也只好認可。

裕容齡的進言成功，在於她抓對了時機。生活中，許多人都有一個共同的問題，就是在不必要的場合，把自己所有的話題，在一次機會裡全部說完，等需要我們再開口時，我們便已找不到話可說了。

即使再說，也是說一些沒有必要的廢話。這些廢話既不形象生動，也不新鮮活潑，怎能產生感人的力量呢？為此，我們在說主題時，必須抓準時機。

在這個人際關係複雜的社會，每個人都充當一個重要的角色，我們的話在什麼時候說才是最有價值的，關鍵就在於我們懂不懂得選擇適當的時機。

杜鵬是一個伶牙俐齒的中學生，平時跟同學在一起總是滔滔不絕，話非常多。可是，並沒有人因此誇他口才好，他常常因話太多而惹人厭煩，沒有幾個同學喜歡他。這是為什麼呢？

比如，有一次班級裡的劉珊珊獲得作文比賽一等獎，學校獎勵她一本筆記本。

同學們都在向珊珊表示祝賀，杜鵬卻湊過去說：「我鄰居大哥在《校園新芽》雜誌舉辦的新概念作文比賽裡獲得三等獎，他可厲害了，我真羨慕他呀！」

平常，同學們討論問題時，杜鵬也會插嘴說一大串不著邊際的話，大家總是很厭煩地說：「好了，好了，我們都知道你想說什麼，能不能不要說了。」

杜鵬非常崇拜那些能言善辯的人，那些人靠口若懸河就贏得大家的喜愛和尊敬。但他一直不明白，為什麼自己說話總是遭到別人的反感呢？

第三章　好嘴巴助力社交

劉成是某校國三的學生，他家的冰箱太舊了，製冷效果很差，他提醒父母換個新的，但因父母不同意而沒有買成。

一天，天氣很熱，媽媽下班回家，對劉成說：「乖兒子，你把冰箱裡的冰棒拿一支給媽媽！」

劉成打開冰箱一看，發現冰棒都溶化了。劉成再次向媽媽提議，為家裡換一個新冰箱。到了商店，母子倆看中一臺 30,000 多元的冰箱。

媽媽說：「太貴了，還是不買吧！」

劉成說：「暑假快到了，天氣這麼熱，如果每天都能喝到冰鎮的果汁，那就太好了！」

站在他們身邊一直沒有開口說話的銷售人員，這時插入一句：「這款冰箱是今年賣得最好的，您真有眼光！雖然貴了一點，但耗電量小，容量大，而且品質保證，從長遠來看，還是很划算的。」

媽媽聽銷售人員這麼說，終於同意了，說：「那好，就買這個吧！」

以上兩則故事，都是人與人交往的例子。可是他們卻得到不一樣的結果，之所以大家都不喜歡聽杜鵬說話，原因就是杜鵬不善於觀察時機，他總在不適當的時候，說一些不著邊際的話，當然就不受同學們的歡迎。

而第二個故事中的銷售人員，正善於利用觀察這個特點，捕捉說話的最佳時機，說中了購買者的擔心。因為購買者怕花了那麼多錢，卻買到一個品質不佳的冰箱，所以銷售人員說這款冰箱是今夏售出最多的。

即便銷售人員把這款冰箱說得再好，都不如一個顧客說冰箱好，銷售人員正是利用這一點，說了冰箱的銷售情況，給這對母子一個「定心丸」，並達到了最終目的。

把話在適當的時機說出來，且說話得體，是一門藝術。身為青少年，只有面對不同的語言環境、隨機應變，才能獲得最佳的表達效果。

因此，在任何時候，我們說話都要看聽眾，都要懂得伺機而動，才不會招致恕尤，才能成為真正的智者，也才能成為一個懂得說話的陽光青少年。

以退為進的說話技巧

　　無論我們現在是學生，還是以後進入職場，都會遇到需要說服他人的情況。可是現在的人都很有主見，想說服他人接受我們的觀點或建議並不容易，搞不好還會弄得大家都不愉快。

　　但大量的事實證明，只要我們找對路，用對說服的方法，完全可以成功地說服他人。以退為進不失為一種說服他人的良策。

　　有一則故事如下：

　　1950 年代初，美國總統杜魯門（Harry S. Truman）會見麥克阿瑟（Douglas MacArthur）將軍。會見時，麥克阿瑟拿出菸斗，裝上菸絲，把菸斗叼在嘴裡，取出火柴。當他準備劃燃火柴時，才停下來，對杜魯門說：「我抽菸，你不會介意吧？」

　　杜魯門看了麥克阿瑟一眼，也不好阻止，便自嘲地說道：「抽吧！將軍。別人噴到我臉上的煙霧，總要比噴在任何一個美國人臉上的煙霧都多。」

　　聽了杜魯門的話，麥克阿瑟便不好意思再在杜魯門面前抽菸了。

　　顯然，從一開始，麥克阿瑟就不是真心向對方徵求意見。杜魯門討厭抽菸的人，但他心裡很明白，眼前的這個人，已經做好抽菸準備，如果他說介意，那就顯得自己粗魯和霸道。

　　為此，杜魯門不是直言拒絕，而是以退為進，先用「抽吧！」消除麥克阿瑟的對抗情緒和排斥心理，最後以「別人噴到我臉上的煙霧，總要比噴在任何一個美國人臉上的煙霧都多」，一句話獲得說服的勝利。

　　在這裡，退並不表示自己失敗，也不是說自己無話可說了，退正是進的表現。在某些時候，我們不妨退一步，達到進的效果，這樣說服他

人的機率會高一些，也更能讓別人接受我們所說的話。

有一位優秀的小學老師，接管一個班級導師的工作，此時正趕到學校安排各班級學生參加平整操場的活動。

這個班的學生躲在陰涼處，誰也不願意去做，老師怎麼說都沒用。後來這位老師想到一個以退為進的辦法，他問學生們：「我知道你們並不是怕工作，而是都很怕熱吧？」

學生們誰也不願說自己懶惰，便七嘴八舌地說，確實是因為天氣太熱了。

老師說：「既然這樣，我們就等太陽下山再去做，現在我們可以痛痛快快地玩一玩。」

學生們一聽就高興了。老師為了使氣氛更熱烈，還買了幾十根雪糕讓大家解暑。在說說笑笑的玩樂中，學生們接受了老師的說服，不等太陽下山就開始愉快地工作了。

以退為進的說服方式，是一種有效的說服策略。表面為退，實則以退待進，透過退，可以聚積更大的進的力量，是為了更好地「進」。就像拉弓射箭，先把弓弦向後拉，是為了把箭射得更遠。

在生活中，我們說服別人時，如果雙方處於僵持的狀態，我們不妨退一步，而後再與之理論，以求進一步，這麼做會更容易讓對方接受我們的方法與建議，從而達到說服的目的。

要知道，說服他人時，讓步是一種暫時、虛擬的後退，是為了進一步而做出退一步的忍讓。讓步是一種修養，並非懦弱，更不是失去人格。

說服他人同意我們的觀點，那是個人的本事；而我們若能採用以退為進的方式，得到他人的認可，則是一個高招，沒有好口才的人，是無法做到這一點的。所以，青少年要說服他人，學會以退為進的說話技巧，是非常重要的。

用情打動人的暗示祕術

青少年朋友，人際關係對每個人的重要性已毋庸置疑，可是，我們該如何在交談時，和他人建立起良好的關係呢？

其實，在社交中，只有理解對方的心境，褒貶抑揚恰到好處，才能得到對方的信任與尊敬。為此，曉之以理，動之以情，是最常採用的說服方法。

一般來說，在和他人來往前，我們彼此都會產生一種防範心理，尤其是在特殊情況下。這時候，想消除對方的防範心理，最有效的方法就是反覆給予暗示，表示自己是朋友而不是敵人。

這種暗示可以採用多種方法來進行，如噓寒問暖、給予關心、表示願意幫助……等。在消除別人的防範心理時，我們還可以以情感人的方法來達到說服效果。

一次，有個計程車女司機把一年輕男子送到指定地點，對方卻掏出尖刀，逼她把錢都交出來。她裝作害怕，交給歹徒 1,500 元，說：「今天就賺這麼一點，嫌少的話，就把零錢也給你吧！」說完又拿出 80 元找零用的錢。

見女司機如此爽快，歹徒有點嚇到。女司機趁機說：「你家在哪裡？我送你回家吧！這麼晚了，家人應該很著急。」

見司機是女子，又不反抗，歹徒便把刀收了起來，要女司機送他到火車站。見氣氛緩和，女司機不失時機地啟發歹徒：「我家裡也非常困窘，我又沒什麼技能，後來就跟人家學開車，做這一行。雖然賺錢不算多，但日子過得還算不錯。何況自食其力，就算窮一點，誰會取笑我呢！」

見歹徒沉默不語，女司機繼續說：「唉！男子漢四肢健全，不管做什麼都可以，但若走上這條路，一輩子就毀了。」

火車站到了，見歹徒要下車，女司機又說：「我的錢就算幫助你的，用它做點正事，以後別再做這種事了。」

歹徒聽罷，突然哭了，把1,500多元往女司機手裡一塞，說：「大姐，我以後餓死也不做這種事了。」

在這個事例中，女司機運用了消除防範心理的技巧，最終達到說服的目的。

適時採用以情動人的說服方法打動對方，這樣的說服效果會很好。想一想，如果你準備拜訪隔壁新搬來的人家，請他們為社區的某項工程募捐，用哪種方法最好呢？

一般勸說者總是開門見山提出要求，結果容易發生爭執，往往會陷入僵局；而優秀的勸說者則先建立信任和同情的氣氛。

如果主人為某事煩惱，你就說：「我理解你的心情，要是我，也會這樣。」這樣就顯示出對別人感情的尊重。以後談話時，對方也會加以重視。

數學家蘇步青上小學時，成績不是很好，年年期末考試都是倒數第一，人稱「背榜生」。

有一次，他又逃學了，老師找到他，說：「你不讀書，別人怎會看得起你呢？你知道牛頓嗎？他也在農村長大，到都市念書時，成績也不好，同學都欺負他，瞧不起他。一次，一個成績名列前茅的同學，還故意把他打得倒在地上……他憑什麼這麼做？不就是成績比牛頓好、身體比牛頓壯嗎？後來，牛頓用力氣，把這個同學打倒了。這件事後，牛頓得到了啟發，只要有骨氣，肯拚鬥，就能獲勝。從此他努力學習，終於獲得全班第一的好成績。」

第三章　好嘴巴助力社交

老師的話，讓蘇步青第一次知道了一位大科學家如何克服自身弱點、奮發圖強的故事，這使他心靈受到極大的震撼。從此，他奮發向上，終於使自己的學業成績得到根本的改變。

蘇步青的老師就是以「動之以情」的方法說服了他，並收到十分明顯的效果。心理學的研究顯示，當一個人處於愧疚、自責、焦慮等情緒當中時，較易接受勸說訊息。

因此，勸說者應設法透過具體生動的現身說法、典型事例剖析、利害關係的強烈對比等方式，去感染和警示對方，使他醒悟。

在日常生活中，我們總會遇到不一樣的人與事。如果我們說服的對象非常強大，不妨採用這種爭取同情的技巧，因為渴望同情是人的天性，做到這一點，我們就能以弱克強，達到目的。

杜娟是一個從偏鄉來的 18 歲女孩，到臺北打工，當一位退休主管的居家照護員。這是一個老知識分子家庭。

杜娟除了照顧老人的飲食起居和做家務外，還抽出時間每天讀書學習，言談話語之間，杜娟流露出求學的渴望。老人看在眼裡，記在心裡，對這名愛好讀書學習而又無法繼續求學的女孩子十分同情。

為此，老人召開家庭會議，全家一致認為杜娟既能做好家務，又積極求學的精神很可貴，決定給予支持。

全家人一致表示，只要照顧好老人、安排好家務，就可以抽時間去上課。杜娟非常高興，經過一段時間的努力，她考取了會計師證照，擁有了會計師從業資格。

沒多久，杜娟告別了老人，告別了居家照護員的工作，從此，改變了自己的人生。

要說服他人，重要的是對人心的征服，如此一來，我們才能更容易交到新朋友，才能更容易得到更多人的喜愛！

打圓場的有效招式

在平常的聊天中，當自己和朋友說話或做事「出醜」時，你會用「打圓場」的方法來化解尷尬嗎？如果你對打圓場還不熟悉的話，那我們一起來學習一下吧！

1. 尷尬時打圓場

再好的朋友，也有發生矛盾、出現尷尬的時候。在生活中，如果我們的兩個朋友發生爭執，非要我們裁決不可，這時如果選擇逃避，則會同時得罪兩個人。那麼，在勸架時，怎樣做才最有效呢？有以下幾種方法可以借鑑。

方法一：不盲目勸架。講不到點上，非但無效，還會引起當事人反感。為此，我們要從正面、側面盡可能詳盡地把情況摸清，力求把勸架的話講到當事人的心坎上。

方法二：要分清主次。吵架雙方有主次之分，勸架不能平均使用力量，對措辭激烈、吵得過分的一方，要加重力道，這樣才容易平息糾紛。

方法三：要客觀公正。在勸架時，要分清是非，不能毫無原則地當「和事佬」。不分是非把兩個人都籠統地批評一番，這樣不能讓人心服口服。

方法四：分離、散開。如果雙方火氣正旺，大有劍拔弩張之勢，這時我們可以當機立斷，藉口有什麼急事，把其中一人支開，讓雙方脫離接觸。等他們消了火氣，頭腦冷靜下來了，爭端也就容易解決了。

方法五：蒙蔽、欺騙。有時太當真，反而誤事，碰到這種情況，我們可以選擇隨機應變，以假掩真，然後順水推舟，化難堪的場合為活

躍、融洽的場面。

方法六：以情制勝。可以拿雙方過去的情分來打動他們，使他們主動「退卻」。或以自己與他們每個人的情誼為籌碼，說：「你們都是我的好朋友，你們鬧僵了，我也很難過，就看在我的面子上，握手言和吧！」即俗稱找個臺階。一般來說，雙方都會給第三者面子，順階而下。

有時，當雙方處於尷尬的境地時，若從旁巧妙地為雙方打圓場，也可以使凝滯的氣氛變得輕鬆。

2. 替自己打圓場

為自己打圓場的方法，主要是不刻意迴避、掩飾。如果是細枝末節的問題，不妨用轉移目標或話題的方法，分散別人的注意力。

如果別人已有覺察，但問題並不嚴重，就要立即誠懇地致歉，然後較為鄭重地作出解釋，拖得越久，後果越不好。

在日常說話中，需要「打圓場」的事往往很多，如果弄不好，只會火上澆油，不僅不會息事寧人，還會擴大事態。為此，任何時候，都要保持冷靜的頭腦，多說好話，靈活運用，才能化解每一個矛盾。

人人都喜歡聽好話

　　青少年朋友，從小到大，不知道你有沒有發現，不管在生活裡，還是在學習中，那些喜歡說好聽話的人，到哪裡都吃得開，就算他們平時做事不盡如人意，照樣能如魚得水。那麼，你知道為什麼嗎？

　　這是因為人人都愛聽好話，若我們一開口，就能說出中聽的話，對方就會對我們另眼相看。

　　小陳是拉廣告贊助的業務員，他在這方面很有一套。曾有人就此事請教過他，他說：「我一定要和對方見面，在電話裡行不通。只要見到面，我就可以找出對方非接受不可的理由。」

　　很多不輕易出贊助的企業家，只要碰到他，都會「束手就擒」。

　　小陳用的方法是：想盡一切辦法與對方見面，見面之後不提正事，先裝作沒事一般與對方話家常，盡量使話題越談越投機，然後在適當的時機，說：「您這樣一提，讓我想起了……問題，您認為如何？」

　　其實這個問題，他老早就放在心上了。對方中計發表意見後，他接著就說：「太好了！您的意見非常特別，就請您按照這個意見替貴公司宣傳宣傳吧！」

　　這樣一來，對方往往會答應，因為要宣傳的東西，自己剛剛都已經說過了！

　　即使我們沒有提出什麼要求，只是表達自己的意見，也可以用這個方法。例如：「對！您這樣說，倒使我想起……」或是「正如您所說的……」等，先肯定對方的話，再引出自己的意見，可使對方認為自己是主角，會更容易接受我們。

　　尤其是當我們想要說服對方時，這種技巧更為重要，因為若直截

了當地提出，對方會有壓迫感，但若使用對方用過的表現法，就完全不同了。

談話時，即使主導權在自己，也要不時地讚美對方，從而成功地說服對方。所以，當有事要請他人幫助或企圖說服他人時，我們可以先讚美一下對方的優點，讓他有種自豪感和聽的願望，這樣會讓其更願意接受我們接下來想說的話。

如果我們是班級幹部，在指責有錯誤的同學時，要是直截了當地說：「你這樣做不行。」很容易會引起同學的反感，打擊同學的自信。

要是我們先說：「你最近的表現很好，我一直在注意你。」然後再指出：「但關於那件事……」，用這種口吻來說的話，就不會使同學怒氣沖天，他們還會謙虛地接受忠告。

所以，在某些時候，想說服他人做某件事，不妨先誠懇而恰如其分地恭維幾句，對方便較能平和地接受。既然每個人都喜歡聽好話，那我們何不利用這一點，給對方一點「糖」，讓對方接受自己呢？

在人際交往中，需要不時地說服別人接受我們的觀點，讓人們相信我們說的話是真的。那麼，如何順利地做到這一點呢？

其實，這並不難，只需要讚美對方，為對方戴上一頂「高帽子」，使他們更有「自信」，就會主動地配合我們，使我們的說服獲得成功。

一般情況下，想說服對方時，常用「除你之外，恐怕沒有更適當的人選了！」或「幸虧是你，你這種當機立斷的魄力，實在令人佩服！」等類似的讚美話語，來誇讚對方。

但是，如果我們只是一味地讚美對方，他就會認為我們是專門逢迎他人的諂媚者，這樣一來，我們就會陷入尷尬和被動的局面。

因此，當我們想使用這種方法來說服對方時，態度應自然而誠懇，也就是要不露痕跡地說話。比如：與其直截了當地以「除了你之外，再

也沒有別的人可以勝任這項任務了！」的言語來說服對方，還不如不露任何蛛絲馬跡地說：「你看！有的同學有這樣的問題，有的同學有那樣的不足，找來找去，除了你之外，目前很難找到第二個能接這項工作的人啦！」

讚美對方時，在必要的情況下，還可以故意將對方的競爭對手搬上舞臺，並提出客觀的觀點，適當地替對方的虛榮心戴上一頂「高帽子」，如此一來，對方就很容易沾沾自喜：「嘿！說的也是！除了我之外，再也沒人做得到！我一定要好好表現一番，把工作做得好上加好。」

這種加上附帶條件來誇讚對方的說服方法，常常能達到出人意料的效果。

我們還可以借對方不認識的第三者之名，以適當確切的言辭讚美對方，也可收到說服的目的。

在借第三者的力量來說服他人時，其效果有下述心理學上的背景：一般來說，一樣是讚美，但人們喜歡陌生的第三者的讚美，勝於認識的身邊人的誇獎。因此，如果告訴對方，有個陌生的第三者對他讚不絕口，他必然會感到光榮和興奮。

因為他認為除了自己所屬的世界外，還有人承認自己的價值，這種「連陌生人都承認我的存在價值」的驕傲，滿足他的自我價值實現心理，因而產生應允說服內容的意願。

我們都應該知道，每個人都愛聽讚美的話。所以，在說服某人時，不妨先說一些稱讚的話，讓對方「美」一下，然後再順理成章地說出建議，這樣就很容易達成想要達到的目的。你不妨試一下，肯定會屢試不爽的。

這麼做，交際之路才會越走越順利，我們才會擁有更多朋友，並最終讓自己成為一個受歡迎的陽光青少年。

好聽話實用小妙招

人們常說做人要誠信，不要欺騙。但是有時候，說說無傷大雅的假話，比真話更有用，就像人們常說的「遇物加錢，逢人減歲」，就是這個道理。

「遇物加錢」與「逢人減歲」，是兩種在交際過程中，針對人們的普遍心理而採用的投其所好和討人喜歡的處世技巧。這種處世技巧非常簡單，如果我們能經常恰當地使用它們，就會為自己的人際關係增色不少。

暑假的某天，學生劉一陽和同學張小海一起去逛街，兩人來到大賣場時，遇到同班同學蘇強正提著一個大袋子從大賣場出來。

劉一陽見蘇強很高興的樣子，便問：「蘇強，你今天心情很不錯嘛！」

蘇強高興地說：「當然啦！我媽媽幫我買了一雙運動鞋！」說著，從袋子裡拿出那雙鞋向兩位同學炫耀。

劉一陽拿過鞋子，看了看，說：「看起來品質真不錯，一定很貴吧？」

蘇強正要說話，卻被張小海搶過話頭，說：「我看這鞋不怎麼樣啊！我告訴你，現在大賣場很多東西品質不好，我看呀！這雙鞋的價格頂多幾百塊錢，你買多少錢啊？」

蘇強聽他這麼說，臉色立刻變得很難看，低聲說：「本來要賣 2,000多的，現在有活動，只需要 1,500 元！」

張小海說：「什麼？這麼貴？我覺得不划算耶！你還不如去專賣店買，品質還比較有保證。」

蘇強瞪了張小海一眼，不再理他。

這時，蘇強的媽媽過來了，蘇強連忙將兩個同學介紹給媽媽。

劉一陽禮貌地說：「阿姨好！」

張小海掩飾不住自己的驚訝，說：「阿姨，您是在工廠上班吧？看樣子您是不是快要退休了？」

蘇媽媽因為長期工作非常辛苦，看起來顯得蒼老，她尷尬地說：「我才剛滿 40 歲，離退休還早呢！你是不是覺得我像 50 幾歲呢？」

張小海才剛想回「是的」，但他還沒說出口，劉一陽立即搶著說：「阿姨，小海跟您開玩笑的！我覺得，您比我媽媽年輕多了。」

蘇媽媽欣慰地笑著說：「這孩子真會說話！」

蘇強不高興地瞪了張小海一眼。張小海心裡嘀咕：「天啊！大人不是喜歡誠實的孩子嗎？難道實話實說也錯了？」

在以上的故事中，你喜歡劉一陽，還是張小海呢？為什麼張小海說了真話，反倒惹惱蘇強，而劉一陽說了假話，卻受到蘇媽媽的誇獎呢？這就是「遇物加錢」和「逢人減歲」的魅力所在。

買東西是每個人日常生活中再平常不過的行為。通常來說，人們的購物心理，是能用「廉價」來購得「美物」，這便可以說明自己是個精明人。但事實上，不可能每個人都是精明的人，儘管如此，我們還是希望自己的購物能力能獲得別人的認可。

所以，當我們購買一件物品後，要是自己花了 500 元，別人卻認為只需 300 元時，我們往往會有一種失落感，覺得自己不會買東西。

相反，當我們花了 300 元買一樣東西後，別人認為價值 500 元時，我們又往往會有一種興奮感，覺得自己很會買東西。正是這種購物心態，「遇物加錢」這種說話技巧便有了用武之地。

故事中，蘇強買到打折的鞋子，本來是一件高興的事，但張小海不知道運用「遇物加錢」的說話技巧，讓蘇強覺得自己不會選東西。張小海當然只會被蘇強瞪了一眼。

　　由此看來，說話時，只要高估別人購買東西的價格就可以了。當然「高估價格」也要注意，首先心裡要對商品的物價有個底，其次是不能太過高估，否則也收不到好的效果。

　　「逢人減歲」的說話技巧，就是把對方的年齡盡量說小一點，從而讓對方覺得自身顯得年輕，產生一種心理上的滿足感。

　　試想，我們周圍的人，有誰不希望自己永遠年輕而不要過早老去呢？比如，你是一位剛 20 出頭的年輕人，卻被別人當成中年人，你心裡會高興嗎？就像蘇強的媽媽，明明看起來並不年輕，但劉一陽卻利用了蘇媽媽喜歡被人說年輕的心理，說蘇媽媽「您比我媽媽年輕多了」，當然，也就受到了蘇媽媽對他的誇獎。

　　為此，在日常社交中，我們也可以用這種說話技巧，讓自己贏得更多人的喜愛。當然，需要特別注意的是，「逢人減歲」這種技巧通常只適用於成年人，尤其是中老年人。

　　假如面對的是幼兒或少年，我們要用「逢人添歲」，也就是多說一點對方的年齡，這種說話技巧的效果會比較好，因為幼兒或少年往往有一種渴望長大的心理。

　　說到底，這裡所說的「遇物加錢」和「逢人減歲」，實際上就是投其所好地說話。

　　當然，我們的出發點是正大光明的。這種「投其所好」，無論是對自己、對對方，還是對社會，都是沒有害處的，相反，這種說話技巧往往能帶給對方、給社會歡樂。對這種「美麗的錯誤」與「無害的陰謀」，我們多說一些又有何妨呢？

讓壞話變好聽的技巧

　　魔術大師的戲法誰都知道是假的，但人人愛看，樂意接受他那塊遮眼的布。人情關係學認為，要注意尊重他人，即使是指責批評，如有塊遮羞布，對方也容易接受。大家避免難堪，才有可能有戲法可變，其實誰都心知肚明。

　　人際交往中，這樣的場合很多，想必你在日常生活中也一定會遭遇必須講出難以啟口的話。這時候，如果直接說「實在傷腦筋」、「這樣很麻煩」，很可能引起對方的反感，或讓對方覺得不快。

　　如果夾雜機智與笑話來說出想說的話，對方也就一笑置之，既不傷害對方，說者的心理負擔也會比較輕。

　　有位棒球教練在糾正選手時，不說「不對，不對」，而說「大致上不錯，但如果再糾正一下……結果會更好。」他並非否定選手，而是先加以肯定，再修正。

　　也就是說，先滿足對方的自尊心，然後再把目標提高。如果只是糾正、警告的話，只會引起選手的反感，不會有任何效果可言。

　　傳達壞消息，心情總是沉重的。然而，這種時候正需要一些思考，甚至可能演變成人的生死問題。這是某小鎮發生的真人真事。由於一封匿名信的緣故，傳出一個已有家室的男子，與一個新婚不久的婦人之間，有曖昧關係。

　　整個小鎮鬧得風風雨雨，上司要他辭職。結果，他拋下妻子與兩個孩子自殺了。後來真相大白，他是清白的。如果周邊的人肯信任他的話，也許就不會發生這種悲劇了。直接說「你有如何如何的謠言」，且前面加一句「雖然我不相信……」那麼對方所受到的衝擊也就完全不同了。

第三章　好嘴巴助力社交

　　我認識的一位高中教師，他總是對成績退步的學生說：「實在難以置信，你考這樣的分數。」倘若只是傳達事實，機器人也做得到，但是，「令人難以置信」這句話，則是機器人做不到的機靈。

　　想必每個人都曾有過不小心說話傷到對方，或對對方不禮貌。話一旦說出口，就無法挽回，當下氣氛就不好了。這種情形大多是連忙辯解，或者換上溫和一點的措辭，這實在不是好方法，因為對方認為你心裡這麼想，才會出言不遜。

　　這種時候，不要去否定剛才說出來的話，要盡量沉著，若無其事地附帶說道：「這就是你吸引我的地方」。對別人說過的話，總是對最後的結論印象最深刻，附加讚美的話，對方便認為結論是讚美的，即使前面說過令人不愉快的話，也就不會計較了。

　　有時，不妨假托第三者傳達對對方的批評。某公司有幾位兼職的女職員，言談很不文雅，甚至對上司說起話來，像對待朋友一樣。有一天，上司告訴一個已經任職兩、三年的女職員：「最近的年輕人說話有點隨便，請妳代我轉告一下好嗎？」

　　那個女職員回答：「是」，結果卻很令人意外。那幾個兼職的女職員，談吐多少有所改善，而那個負責轉告的女職員，對自己的談吐最為小心翼翼。恐怕是「最近的年輕人」這句話，讓那個女職員覺得自己也包括在內。

　　這個女職員的情形，連主管也意想不到。這也可以當作批評別人時的方法，也就是假托「第三者」，而不要直接批評，如此一來，對方就會虛心接受，不太會產生反感。

　　然而，這種假托「第三者」的批評，如果太過明顯，聽起來倒像「指桑罵槐」，這點可要多留意。蒙上遮羞的外衣，既能治好傷情，又能不使其丟醜，正是遮羞通權達變的境界。

違心說話也要講技巧

　　做一個誠實的人沒有錯，但是在日常生活中，有時我們應該粉飾真誠，說點假話，撒點謊。在交際場合裝裝糊塗，有時也能避免尷尬，脫離窘境。有這麼多好處，何樂而不為呢？

　　不過，通常人們都認為，只在某些很特別的情況下，才需要不說真話，不道實情。例如，某人患了不治之症，知道情況的親友，多不以實情相告。

　　其實，不僅如此，在一般的交際活動中，也常有說假話產生好效果的時候，而且「說謊」的方式也很多樣，但千萬不可套用簡單的模式去騙人。

　　能產生良好交際效果的謊言，有時是以裝糊塗的方式出現的。這種裝糊塗的言辭，有時能避免或解除尷尬。相反，在同一場合，說真話反而會帶來不好的效果。

　　在生活中，常常會碰到這樣的場面，到朋友家做客時，主人熱情地幫客人夾菜，但恰恰客人不喜歡吃這道菜。這時，客人不外乎有兩種態度。

　　一種是不拂主人盛情，一邊道謝一邊違心地說：「好吃！好吃！」結果，一句謊話卻讓自己很難堪。如果這種態度不改，那就難免要做一輩子難堪的客人。要是主人知道原委，是會後悔一輩子的。這種窩囊的謊言，既苦了自己，又傷了別人，值得嗎？

　　另一種態度，便是巧妙地拒絕。先說一句：「別客氣，我自己來！」再補充一句：「這個菜我滿喜歡吃的，就是胃受不了！」

　　這巧妙的謊言，既不傷人，也不害己。有時說點謊話，可以縮短雙

方的距離，達成某種「共識」，從而使進一步的交流成為可能。有個朋友的經歷，或許能對我們有所啟發：

某天我和朋友去拜訪一位教授，那個教授為人嚴肅，平時不苟言笑。坐了半天，除了開頭說了幾句應酬話，剩下的只是讓人尷尬的沉默。

忽然，朋友看到他家養的熱帶魚，其中幾條色彩斑斕，游起來讓人看得眼花撩亂。

我知道這種魚，自己也養了幾條，還很得意地為這位朋友介紹過。看他目不轉睛地看，心裡納悶，他又不是沒見過，怎麼這樣？

教授見朋友神情專注，就笑著問：「還可以吧？才買的，見過嗎？」

我剛想開口：「見過，我家也有養幾條呢！」

朋友卻搶先說：「還真沒見過，叫什麼名字？我也打算養幾條呢！」

我不解地看看他，心想裝什麼糊塗，不是上星期才到我家看過嗎？

教授一聽，興致來了，神采飛揚，說了一大堆養魚經，朋友也聽得頻頻點頭。

那位教授像是遇到知音，說說笑笑，如數家珍地跟他講解每條魚的來歷、名稱、特徵，又拉他到書房，看他蒐集的各類名貴熱帶魚的照片，氣氛頓時活躍起來。

我們本來打算坐坐就走，不料教授一再挽留，直到晚餐後，才放我們走。臨走時硬塞幾條小魚給朋友，一直送我們到樓下大門。

教授前後判若兩人，本來幾乎陷入僵局的交談，可以順利地進行下去，都歸功於朋友的一句謊話。若據實相告，那很可能就會繼續「尷尬」下去。

有位先生因公出差，見當地商店有件羊毛衫很漂亮，問了價錢，覺得不貴，便買了下來。同行的女同事看到，他才知本地商店就有賣這種羊毛衫，價錢也更便宜。

回到家，為了討妻子歡心，這位先生便把這件羊毛衫的價格，說成比本地商店還便宜 200 元，妻子聽了當然很高興。漂亮的謊言得到了妻子的誇獎，壞事變成好事，不是滿好的嗎？

當然，花錢繳了學費的丈夫，也可以從這件事中學聰明，記得有時也應對家人說個謊。

一個男大生愛上了一個女大生，於是他對女大生說了一番這樣的話：「我離不開妳，妳是溫暖我的太陽，妳是照耀我的月亮，妳是為我指引方向的星辰，妳是為我呼喚早晨的啟明星。」

女大生很聰明，早已聽出這是一番表白的話，但自己並不喜歡他，怎麼辦？如果斷然說「我不喜歡你」，豈不是會讓對方陷入尷尬？如果不置可否，豈不是對對方不負責任？

結果她只說了一句：「真美！你對天文學太有研究了，但真對不起，我對天文學一點也不感興趣！」

謊話要說得恰到好處很難，為了創造幽默風趣的效果，說謊就得從反常角度入手，越是說得俏皮、大膽、新奇，越是引人入勝。說謊，就要說得輕快自信，就要說得圓滿自如、不容置疑，才能以假勝真。

模糊回答法巧妙拒絕

　　青少年朋友，在現實生活中，不知道你有沒有遇過這種事，就是有人要求我們對一些事情或人物作出評價或發表看法，以探查我們的態度。

　　面對這種情況，我們不宜把評價或看法具體化。這時，如果我們不能機智地應付、巧妙地回答，就可能陷入被動局面，以至於無所適從。

　　這就需要我們學會搪塞拒絕、含糊迴避。比如，有些人喜歡背後談論他人、說長道短，碰到這種人，我們應該謹慎地面對，盡量少發言、少評論，讓自己的發言沒有傾向性。

　　這時，採用搪塞拒絕、模糊應答的方法，可以避免捲入不必要的麻煩中，這對我們處理人際關係，有很大的益處。

　　搪塞式拒絕，就是不把事情講得過於明白，而是避重就輕、避實就虛，用暗示的方法，讓對方明白自己拒絕的意圖。這種方法既避免了雙方的尷尬，又達到回絕的目的。

　　含混的語言、模糊的表達，可以讓對方聽了不得要領，無法再提出新的要求。比如，推銷員推銷課桌椅，學校不想要，於是對他說：「謝謝你的好意推薦，只是我們一時還弄不清究竟什麼樣的桌椅更適合現代教學設備的管理，對學生的身體健康更有利。」

　　推銷員一般上門推銷時，都已做好充分的準備，預備了種種理由、解釋來回應客戶的拒絕。但他不可能知道現代教育理論、熟悉學校的教育管理，以及青少年身體健康與教學設備之間的關係。把這些似懂非懂的東西全部說給他聽，他就會感到不知從何說起，這樣，也就達到了拒絕別人的目的。

　　有時，在拒絕別人時，語言表達雖然明白清楚，但是答非所問，避

重就輕，同樣也可以讓對方不得要領，效果是一樣的。

但這又有別於正式嚴肅的場合，所以拒絕時不妨來點語言遊戲，要麼避而不答，要麼避實就虛，輕鬆詼諧，又能達到自己想要的目的。

生活中，誰都不喜歡被拒絕，但有時我們又必須拒絕他人，這時，可以含糊迴避。所謂含糊迴避，就是當對方提出某些問題時，不明確表態。既不表示同意，也不表示不同意；似是同意，又似乎不同意，使提問者感到不可捉摸，無所適從。

例如，當朋友說：「今晚我請客，請務必光臨。」如果我們不想去，可以說：「今天恐怕不行，下次一定來。」下次是什麼時候，並沒有說定，實際上給對方的是一個含糊不清的回答。對方若是聰明人，一定會聽出其中之意，就不會強人所難了。

謝絕別人的請求，否定別人的意見時，為了能讓對方接受我們的意見，同時又不想傷害對方的自尊心，這時往往就需要含糊式回答。

某天，同學甲神祕兮兮地對同學乙說：「我總覺得我們班上的某某同學有點『那個』，你對他的印象如何？」同學乙沉思片刻回答道：「我對他的印象滿深刻的。」回答巧妙而且天衣無縫。

某旅行團正按預定的行程觀光遊覽，有客人途中要求增加幾個觀光地點，但時間不夠，無法滿足要求。

導遊就說：「這個建議非常好，也非常重要。如果有時間，我們將盡量予以安排。」這種說法很模糊，怎麼理解都可以，且也巧妙地暗示了拒絕之意。

1940 年代，《紐約客》雜誌（*The New Yorker*）的漫畫是美國文化的代表之一。《紐約客》某編輯寫小說，小說改成電影後，票房豐收。

好萊塢（Hollywood）的一個老闆想把此人挖去當編劇，開出的價碼是每週 500 美元，據說這個價錢，紐約的絕大多數作家都無法拒絕，

但這位編輯回電說：「羅斯先生也加到了這個程度。」

羅斯先生是當時《紐約客》的主編，他不像好萊塢老闆那麼有錢，根本不可能給這位編輯加薪，但老闆不知內情，馬上提高價格：「1,000美元。」編輯再次回電：「羅斯先生也加到了這個程度。」

如此幾個來回，最後價碼達到每週 2,500 美元，相當於現今的 19,000 美元，這位編輯仍是那句話：「羅斯先生也加到了這個程度。」

事情就此擱置，過了一段時間，老闆又想起來了，但他忘記上次把價碼抬到什麼程度，所以這次一開口就是「1,500 美元」，該編輯回電說：「羅斯先生也減到了這個程度。」

這個故事的主題是「金錢」，這位編輯拒絕了金錢，但他微笑著，優雅、平靜。他沒有接受金錢的誘惑，而是一直含糊地迴避。

這也是《紐約客》漫畫的態度：必不可少地覆蓋著一層天鵝絨，即使是拒絕、抵抗、批評，也不會弄得汗流浹背、聲嘶力竭。

總之，我們在拒絕他人時，搪塞拒絕和含糊迴避是一個很好的方法，不僅能達到拒絕他人的目的，且不傷和氣，可以說，在拒絕的藝術裡，這是一種最好的方法。

反敗為勝的說話絕招

日常生活中，有時候，我們會遇到有人故意使用詭辯的方法為自己開脫，這時，即使我們暴跳如雷，生氣發火，不僅於事無補，還會授人以柄，徒增煩惱。

假如我們能採用順水推舟的攻心說話技巧，既可迅速擺脫窘境，又可展現出我們的文化修養和人格魅力。所謂順水推舟，就是抓住對方的話題，順著說下去，讓其向著有利於自己的方向發展，從而產生強烈的幽默效果。這裡，我們不妨來看看以下這件小事。

星期天，餘暉和同學一起去金魚店，當他們走到一家店前時，賣金魚的老闆吆喝著：「德國進口金魚，方便養，存活率高，壽命長達 5 年，大家快來買啊！」

餘暉一直喜歡養金魚，聽到這種金魚的壽命是 5 年，於是走到店門前挑金魚。

餘暉挑好金魚，再次確認：「老闆，你的金魚壽命真的是 5 年嗎？」

老闆肯定地回答：「絕對 5 年，絕對 5 年！」

「一條多少錢啊？」

「60 元！」

餘暉覺得有點貴，便猶豫了一下：「怎麼別人的金魚都賣 20 元，你的金魚太貴了吧？能不能便宜一點？」

「不行，我這金魚是德國進口的，低於 60 元不賣！」老闆拒絕討價還價。

雖然覺得有點貴，但餘暉想到畢竟這金魚可以陪伴自己五年，那麼，也算值得，便掏出 120 元買了兩條，高興地回家。

第三章　好嘴巴助力社交

餘暉以為這兩條金魚可以陪自己度過幾年中學時光，誰知第二天，他便發現買的兩條金魚居然都死掉了。

餘暉想：自己為金魚換水、餵養，都是照嚴格要求做的，怎麼金魚還是這麼快就死了呢？不是說牠們的壽命是 5 年嗎？難道賣金魚的老闆騙我？

於是，餘暉找到昨天裝金魚的袋子，把兩條死金魚裝進去，直接到金魚店去。

餘暉走到那家店前，發現老闆還在吆喝這種金魚的種種好處，並吸引很多顧客在店門前圍觀。

餘暉看準時機，把自己的死金魚往老闆面前一放，說：「叔叔，你看這是我昨天在你這裡買的金魚，你不是說能活 5 年嗎？怎麼今天就死了呢？」

正在一旁挑金魚的顧客看見後，立即圍上前來，看是怎麼一回事。

老闆極力狡辯說：「怎麼可能？一定是你不會養，出了問題。你說說你是怎麼餵養的？」

餘暉把自己的餵養過程說了一遍，老闆實在找不出破綻，繼續狡辯說：「哦！那可能是你選的那兩條金魚，昨天剛好過牠們 5 歲的生日！」

餘暉覺得這老闆真是太會狡辯了，明明是自己騙人，還說什麼「牠們剛好過 5 歲生日」。

於是，他故意對著一旁挑金魚的顧客，慢悠悠地大聲說道：「哦！原來你賣的金魚壽命雖然長，但離死只有一天啊！」

挑金魚的顧客聽見餘暉這麼說，都紛紛放下手中的金魚。這時，老闆著急了，立即 180 度大轉彎，說：「同學，別著急，在我這裡買金魚，你儘管放心，有不滿意的，可以更換。這樣吧！你重新選兩條怎麼樣？」

餘暉見老闆終於答應賠金魚，便高興地重新選起金魚來。

餘暉與老闆的交涉，看起來只是一場簡單的顧客與老闆的對話，實際上是一場小型辯論。面對金魚只活了一天的事實，金魚店老闆並不承認是自己的金魚有問題，而是極力狡辯，提出「金魚昨天剛好過牠們 5 歲的生日」的藉口，很顯然，這個藉口是在狡辯。

這時，餘暉運用順水推舟、以謬制謬的說法，「原來你賣的金魚壽命雖長，但離死只有一天啊！」給老闆沉重的一擊，既揭露了老闆的謬論，也揭穿了老闆的謊言，讓買金魚的人看清老闆的真面目，使老闆不得不認輸、賠魚。

餘暉的這種順水推舟的說法，表面上是認同對方的觀點，實際上是順應對方的邏輯進行推導，並在推導中根據自己的需求，設置某些符合情理的障礙，使對方的觀點，在所增設的條件下無法成立，並借此提出新的、具有明顯錯誤的結論，從而暴露其荒謬，以達到揭露、反駁的目的。

順水推舟的特色是不作正面的抗衡，而是在迂迴的交談中，順著對方的話說下去，借力勝敵，從而擺脫尷尬的境地，並產生強烈的幽默效果。

為此，在生活中，當我們遇到他人故意詭辯，或遭到不懷好意的取笑、嘲諷，甚至侮辱時，必須先保持冷靜，一步一步順著對方的詭辯進發，故意假裝自己已經「上當」，最後再以順水推舟的說法，達到反駁的目的，讓自己成功擺脫困境。

如此一來，我們不但保住自己的形象和風度，也讓對方「知難而退」，這才是一個沒有副作用或殺傷力的完美攻心策略，也為自己成為一個善辯的陽光青少年，做了很好的鋪墊！

第四章　幽默的人最受歡迎

　　在很多時候、很多地方，擁有幽默感的人，永遠都是最受歡迎的。如果我們擁有幽默的口才，相信在任何時候，都會變得積極樂觀，且事半功倍。

幽默讓你的魅力值爆表

具有什麼特徵的人，才更能吸引他人呢？一般人會說友善、熱情、開朗、寬容、富有、樂於助人、幽默、有責任感、工作能力強……等許多特徵。但相關專家提出：「在這些所有特徵中，最重要的莫過於幽默了。」這並不是說其他特徵不可貴，因為在人與人的交往過程中，沒有太多的機會展示那些特質。

若把各種優良特質比作鑽石的各個側面，那幽默感是鑽石直接面向我們的那一面，可以直接折射出智慧的光輝。

在古代，「桃李不言，下自成蹊」是為人稱道的交往觀念，意思是說：桃樹、李樹雖不說話，卻因為它們的鮮花和果實，而把人們都吸引過來，以至於樹下都被踩出了小道。

在當今社會中，人與人的交往，強調以吸引力為基礎，即使你再優秀、再能幹，如果你不會「自我展示」，也不太容易引起他人的注意。

在有限的時間和空間內，哪怕是初次見面，或一次晚餐，幽默都能讓你一展才華，從而給人留下深刻印象。

幽默的特徵之一是溫和親切，富有平等意識和人情味。學會運用幽默的方式，能夠提升你的個人品位和紳士風度。

巴頓將軍由於職業和個性的關係，他對自己家庭的內部管理，也採取準軍事模式，凸顯巴頓的風格。

在兒子的臥室，他寫的是「男兵宿舍」；在女兒的臥室，他寫的是「女兵宿舍」；在客廳，他寫著「會議室」；在廚房，他寫「食堂」。

那麼，他們夫妻的臥室，應該掛上一塊「司令部」的牌子吧！不是，那上面寫的是——「新兵培訓中心」。

能夠在施展幽默時，保持平穩，有紳士風度，能夠控制好各種情緒波動，將幽默的語言平淡地說出來，這是高手。因為越是這樣，越能和一般幽默所產生的效果形成強烈反差。因此溫和親切，不僅能提升自己的品位和風度，更能增強你的語言幽默效果。

幽默能帶給你意想不到的吸引力，你總是可以在幽默中發現睿智的光芒。思路清晰、反應敏捷、妙語驚人，是具有幽默感的人的共同特徵，他們總是可以從容地面對各種紛繁的場合。以下就以幾個競選的故事，來展現一下具有幽默感的人，是怎樣用其獨特的魅力來保護自己，贏得勝利。

造謠、中傷在歐美官場上是常有的事：

加拿大的一位外交官切斯特·朗寧（Chester Ronning），生於中國。他回國後，在 30 歲時競選省議員，當時反對派多次誹謗、詆毀他說：「你是喝中國人的奶長大的，你身上一定有中國血統。」

朗寧沉著地回擊道：「據權威人士透露，你們是喝牛奶長大的，你們身上一定有奶牛的血統。」

這真是絕妙的反擊，同時又展示了他的機智，朗寧最終贏得了競選。

約翰·亞當斯（John Adams）參加美國總統競選時，共和黨人指控他曾派競選夥伴平克尼將軍（Charles Cotesworth Pinckney）到英國去挑選四個美女當情婦。其中兩個給平克尼，兩個留給他自己。

約翰·亞當斯聽了哈哈大笑，說道：「假如這是真的，那平克尼將軍肯定是瞞過了我，全部獨吞了！」

如果當時亞當斯怒不可遏指責對方的不義，不但無法解釋清楚，反而會「越描越黑」。以幽默的語言作答，這種反擊不是更加有效嗎？最終亞當斯憑藉著他的機智、才幹和令人羨慕的幽默感當選了，且成為美國歷史上著名的總統。

幽默讓信任指數飆升

準確地表達自己的幽默，有時常常能讓人對你產生信任和同情。

卡爾曾擔任美國電話電報公司的最高行政領導者。在他任職期間，有一次主持股東會議，會中人們對他提出許多質問、批評和抱怨。會議氣氛頗為緊張。

其中有一個女子不斷提出質問，說公司在慈善事業方面的投資太少了。

她厲聲問：「去年一整年中，公司在這方面花了多少錢？」

卡爾說出一個幾百萬的數字。

「我想我快要暈倒了！」她說。

卡爾面不改色地解下自己的手錶和領帶，放在桌上，說：「在妳暈倒之前，請接受這筆投資。」

在場的大多數股東笑了起來。

他的幽默表達了一個重要訊息：即企業很重視人性的需求，他本人也確實關心。如果有必要的話，他可以犧牲自己，但資金有限也是事實。

卡爾在一分鐘內就讓人產生信任和同情，而他僅採用了幽默的一個形式，戲劇性地表達自己的觀點。那個女子也並不會真的暈倒。一句幽默的戲劇性語句，和一個幽默的戲劇性行為，其效果遠遠超過一份長篇小說般的工作報告。

在加州有一個顯然具備領導能力的大學畢業生。他正急於尋找工作，幾乎是衝進一家報社，對經理說：「你們需要一個好編輯嗎？」

「不需要。」

「那記者呢？」

「不需要！」

「那排字工人？」

「不，我們現在什麼空缺也沒有！」

「那麼，你們一定需要這個東西。」大學生從公事包中拿出一塊精緻的牌子，上面寫著「額滿，暫不僱用」。

經理看了看牌子，笑了起來。他立刻打電話給老闆，把這件事說給他聽。隨後，經理笑嘻嘻地對他說：「如果你願意，請到我們廣告發行部門來工作。」

有人問那位大學生：「既然你接受這項聘請，那一開始為什麼要提到編輯和記者呢？」

大學生說：「我是要讓他明白，我的能力可以應付任何工作。」

「那麼這塊牌子呢？」

「引起他的興趣和同情。即使我失敗了，它也會提醒我說，這是『暫不僱用』。」

後來這個年輕人成為這家報社出色的經理，他讓報紙的日銷售量，從五、六萬份提高到 30 多萬份。

在紐約太平洋食品商場，有一個很能幹的店員。他的營業額總是名列前茅，老闆十分賞識他，在不到一年的時間內，就幫他加了 4 次薪水。這引起其他店員的不滿，他們開始製造謠言，在老闆面前說些誹謗的話。

老闆決定考察這個店員，他對他說：「請你跟我解釋一下，為什麼處理不好同事之間的關係呢？」

這位店員說：「因為我讓他們生氣了。」

「原因呢？」

「很簡單，你看。」

　　這位店員當著老闆和顧客的面，秤兩包糖果。第一包，他舀起一磅多的糖果，然後在秤的時候，拿掉多出來的糖果。第二包，他舀取不到一磅的糖果，然後把它加到一磅。結果那位顧客把錢塞進自動收款機，拿走第二包就走了。

　　「就這樣，」店員說，「我們之間是第一包和第二包的矛盾。」

　　這位店員也採用戲劇性的方法，表達他和同事分歧之所在。老闆對此大為賞識，在第二年的年初，又幫他加了一次薪水，並提拔了他。如果這位店員不採取這種方式，相反，他猛誇自己，奚落別人，那麼他在老闆心目中將是個什麼樣的人呢？

　　所以，採用戲劇性的幽默方式表達自己的觀點，往往能一下子給人深刻的良好印象，讓別人對你的看法從一開始就有信任的基礎。

幽默讓你得到上司青睞

上司與下屬的關係，是一種領導與被領導的關係，但是除此之外，雙方還應該建立友愛合作的關係。身為一個下屬，在恰當的時間、場合，和上司開一個富有幽默情趣的玩笑，處理好與上司的關係，可以收到非常好的效果。

不過，俗話說：「伴君如伴虎」。在個人關係上，還需要主動與上司保持合適的距離，距離太遠不太好；距離太近，也可能會很糟。

其實，讓老闆笑口常開，不僅是找到工作之後的事，在找工作的過程中，求職者就可以運用幽默的力量，逗得老闆會心一笑。

找到一份稱心如意的工作，是求職者最大的心願。但求職不易，有時我們在苛刻挑剔的雇主面前一籌莫展。這時，何不借助幽默的魅力，讓面試你的老闆笑一笑，這對你獲得面試成功，必然會有所助益。

某人在找工作，他來到麥當勞。老闆問他會做什麼，他說我什麼都不會，不過我會唱歌。

老闆說，那你就唱一首試試看，於是他就開始唱了：「更多選擇、更多歡笑，就在麥當勞！」

老闆一聽非常開心，接著問他一些對麥當勞有什麼了解之類的問題，最後，他被順利錄取了。

上面的例子中，求職者在面試時借助幽默的力量，先以唱歌的方式，說出麥當勞的廣告詞，展現自己對麥當勞很關注，也有一定的了解。他在博得老闆一笑的同時，也獲得了老闆的好感。

工作太累的時候，難免會偷懶，這時如果被老闆看見了，你該怎麼辦呢？

第四章　幽默的人最受歡迎

有個建築工人在工地裡搬運東西，每次只搬一點。工頭不得不開口說話，以糾正的口吻對他說：「你想想你在做什麼？你看看別人都搬那麼重的東西！」

「嗯哼！」工人說，「如果他們要懶到不像我可以搬這麼多次，我也拿他們沒辦法。」老闆被他逗笑了。

工人以幽默的口氣，為自己的偷懶行為辯解，老闆即使會批評他，也會比較隨和，責罰也會比較輕。假如你對裝瘋賣傻的演技頗有心得，不妨也在對您頗有微詞的老闆面前，以若無其事的態度，告訴他下面這則小笑話，且看他的反應如何。

「幸好我已經結婚了。」

當然，你的老闆無法了解你說這句話的意思，必定會一副茫茫然，莫名其妙地看著你！

就在這時候，你可以不聲不響，像自言自語地對自己說：「所以我現在才習慣別人對我嘮叨了……」

如果你能微笑著說，你的老闆也必會露出會心的一笑！而就在你表現出沉著的大家風範，老闆又似乎對你放鬆敵意時，就正好有機會讓他改變對你以往的錯誤觀念。讓你的老闆笑口常開，你的工作就能進行得更加順利。

化解尷尬的幽默絕招

在學校生活中，難免會和同學或朋友發生摩擦、爭執，總會遇到一些令我們難堪或尷尬的場面。此時，有的同學極易生氣和激動，「針鋒相對」；有的同學則惡語相加、諷刺打擊；有的同學則茫然無措，不知所對。

其實，這些都是不正確的做法。我們應用一種幽默的語言「化干戈為玉帛」，將尷尬變為會心的一笑。

有一次，著名的古希臘思想家蘇格拉底正在和學生們討論學術問題，互相爭論時，他的妻子怒氣沖沖地跑進來，把蘇格拉底大罵一頓後，又出去提一桶水進來，猛地潑到蘇格拉底身上。

在場的學生們都以為蘇格拉底會怒斥妻子，哪知蘇格拉底風趣地說：「我知道，打雷後，必定會下大雨」。

蘇格拉底的容忍和幽默，讓不愉快很快就過去了，他運用的這種「就境設喻」法，在機智敏捷中展露出智慧。

一位心理保健老師，應邀幫少年犯上課，走向講臺時，不小心摔了一跤，引起哄堂大笑。這是一個令人尷尬的場面，怎麼辦？怪設施不好？嚴肅地批評少年犯？這些都不是上策。

只見這位老師不慌不忙地站起來，臉朝聽眾說：「這是我給你們上的第一課，一個人可能跌倒，但仍可再站起來！」頓時，笑聲化為敬佩的掌聲。

這位老師應變的高明，在於「跌」出幽默、「跌」出哲理、「跌」出這一課的主題、「跌」出與聽眾輕鬆和諧的交流氛圍，幽默語言的功能可謂發揮到極致。

　　某著名節目主持人也有一「跌」。那次，她在主持文藝晚會，退場時不小心從臺上跌滾下去，全場為之譁然。

　　這對一個主持人來說，是再尷尬不過的事了，之後她從容站起，撿起麥克風，面帶微笑地對觀眾說：「真是人有失足、馬有失蹄，我剛才表演的獅子滾繡球還不夠熟練吧？看來演出的臺階並不好下，但臺上的節目很精彩！」

　　面對尷尬，主持人運用了自喻自評和雙關技法，她的一番幽默言語，附和舞臺特點和她的主持人身分，不僅化解難堪，還自然地把觀眾的視線轉移到精彩的「臺上節目」。

　　世事無常，人事更無常，即使我們在人際交往過程中再注重禮儀、再八面玲瓏，也不可能做到盡善盡美。因此，生活中隨時隨地都有可能發生令人尷尬的意外情況，影響我們與他人的正常交流和溝通。不過不必擔心，因為這並不代表我們對「尷尬」無能為力。

　　在通常的情況下，只要恰到好處地運用「幽默」，我們就能迅速消除尷尬局面，進而給人留下良好印象，在輕鬆愉快中，皆大歡喜。

　　說到底，幽默風趣的談吐，無論是在日常生活，還是在重大的社交場合，都是不可或缺的。說話幽默是指我們在談吐中，利用語言條件，對事物表現出的一種詼諧情趣。

　　幽默的談話不僅能吸引聽者的注意力，還能與聽者建立親密關係。要是我們的話，能讓聽者情不自禁地笑出來，就表示聽者已完全進入與我們的思想交流之中。所以說，幽默的談吐是好口才的象徵之一。

　　那麼，青少年朋友，你還在為自己的尷尬、難堪耿耿於懷嗎？從現在起，好好學習幽默的語言，發揮自己幽默的藝術吧！

借題發揮的幽默戰術

　　與人相處，總會遇到一些不方便直接說的話，這時就要將「詞鋒」隱遁，或選擇順著對方的話借題發揮，便能達到理想的效果。

　　新的一週開始了，謝露在家裡向父母要下一週的生活費。

　　同寢室的宋曉米看大家手頭寬裕了，便突發奇想，向同寢室的同學提議說：「看樣子大家回家都要到錢了，反正今天晚上沒有課，我們已經很久沒有聚會了，我提議，我們幾個AA制去『必勝客』吃一頓怎麼樣？」

　　「好！」其他幾個同學舉手贊同。唯獨謝露一言不發，面露難色。

　　謝露心裡清楚，其他同學家境都很寬裕，而自己家本來就不富裕，她拿的錢必須要使用一週，如果現在跟同學去吃一頓，會讓自己這週都吃不了飯。

　　想到這裡，謝露說：「吃學校餐廳的食物，不是也可以聚一聚嗎？幹麼非要吃外國人的垃圾食物呢？」

　　宋曉米不以為然，說：「我看妳呀！就是捨不得錢，不就是幾百塊嗎？古人不是還說『要視金錢為糞土』嗎？」

　　其他同學也在一旁幫腔：「是呀！謝露，我們難得聚餐，妳就視一次『金錢為糞土』吧！」

　　謝露靈機一動，裝作萬分苦惱的樣子，說：「是呀！我也是這麼想的，可如果我真的『視金錢為糞土』，那我爸媽就會視我為『化糞池』了！」

　　聽了謝露的話，大家都會心地笑了，就不再強求她了。

　　「視金錢為糞土」，這句話對毫無經濟能力的學生來說，純屬無稽之談。謝露在回答時，緊緊抓住宋曉米的關鍵詞「視金錢為糞土」，巧妙地進行借題發揮，說出「如果我真的『視金錢為糞土』，那我爸媽就會視我

為『化糞池』了」，這樣既否定了宋曉米等人不符合個人實際情況的消費觀，又委婉地拒絕了同學的提議，可以說是把同學的話「借」得既幽默，又天衣無縫。

在和他人的交談中，使用借題發揮的關鍵，在於一個「借」字，只有巧妙借得對方的話題為己所用，發揮起來才能有憑有據，讓對方啞口無言，收到奇效。

青少年朋友，當我們面對他人的「無稽之談」時，可以學謝露這種裝不懂他人本意，順著他人字面意思借題發揮，從而說出自己的觀點，這樣就能獲得較好的反駁效果。

在學習生活中，當我們能夠正確地運用借題發揮來達到自己想要的結果時，談話就成功了一半，那麼我們就會很順利地處理問題，成為一個成熟的陽光青少年了。

幽默反駁對方的小絕招

在生活中，你有沒有遇到過這種情況，就是明明我們知道對方講的話、做的事不對，卻不知道如何反擊對方，即使反駁，也無法立即扳倒對方的話，甚至還會讓對方抓住自己的把柄。怎麼會這樣呢？

其實，這是因為我們沒有找到正確的進攻點，所以就無法抓住對方的「致命」漏洞，從而讓對方繼續得意揚揚。為此，我們想要扳倒他人的錯誤觀點，必須一箭中的，用幽默的語言提出正確的言論，這樣才能輕易地駁倒對方。

1. 以說話觀點為進攻點

在日常生活中，我們經常強調要「以理服人」，意思是說話的觀點一定要符合客觀事實。但有的人往往強詞奪理，在認知上具有主觀性、片面性，這時就可以從其論點尋求進攻點，就像以下的例子。

一天，一個跛腳的男子走進一家醫院。男子對護士說：「我很窮，請把我安排在最便宜的病房吧！」

護士問：「你沒有其他親人嗎？」

男子很無奈地回答：「我只有一個姐姐，她是修女，也沒有錢！」

護士也故意刁難說：「修女和上帝結婚呢！怎麼可能沒有錢呢？」

男人聽了，微微一笑，說：「好吧！那就把我安排在最貴的病房，結帳時你把帳單寄給我姐夫就可以了！」

這是一則幽默小故事，笑過之後，我們不能不為這位患者機智巧妙的回答而拍手稱快。這位患者的回答之所以這麼簡短有力，就在於他在對方說的話中找到了一個進攻點，就是護士說的「修女和上帝結婚呢！

129

怎麼可能沒有錢呢？」。

很顯然，護士的話其實是很荒謬的，患者正是抓住護士的荒謬之處，表面上順其意願，承認對方說得有理，再幽默地將錯就錯，要求她「把帳單寄給我姐夫就可以了」。如此一來，患者用護士自己的荒謬，把護士引入窘境，讓護士啞口無言。

2. 以可靠事實為進攻點

想要證明自己說的話有力量，就必須證明這些話真實可靠，摸準對方的心理，把語言中的幽默，用得「恰到好處」，然後一針見血地「攻擊」，使對方迅速作出有利於我們的反應。被稱為法國小說之父的巴爾札克就是會巧妙說話的代表。

一天夜裡，一個小偷鑽進巴爾札克的房間，在他的桌子抽屜裡亂摸。巴爾札克被驚醒了，他悄悄地坐了起來，點亮燈，然後微笑著說：「親愛的，別找了，我連白天都無法從那裡找到錢，現在天黑了，你就更別想找到啦！」

小偷看著平靜的巴爾札克，無趣地退了出來。

巴爾札克正是猜透了小偷的心理，才能如此冷靜地處理這個意外情況。首先，他知道小偷是來偷錢的，不是來害自己生命的，所以他不慌張。

同時他了解小偷在偷東西時，神經特別緊張，稍稍受驚，就會驚慌失措，做出不理智的事情來，反而會危及自己的生命，所以他不喊叫。他幽默地稱小偷為「親愛的」，使小偷不至於因被發現而與他為敵。

其次，他明白小偷的目的是錢，所以他又幽默明確地告訴小偷，自己沒有錢。這時的小偷，既拿不到錢，又不會被抓，不走還待著做什麼呢？只好乖乖退出去了。

靈活運用幽默語言的各種要素，如同「妙語生花」，就是指將常用的語言，經過個人精心組合，使它達到意想不到的效果。

3. 以語言漏洞為進攻點

有時候，說話就是一場辯論賽，說話的過程其實就是論證的過程，就是各自用論據來證明論點的過程。因為論證過程相對複雜，所以對方在論證過程中，常常會出現各式各樣的漏洞，暴露出弱點。

這時，我們不妨從對方的論證方式尋找進攻點。請看以下這則小故事。

王東是某校國一的同學，他常常去學校福利社買一個二十元的麵包當早餐。

一天，當他再次去福利社買麵包時，卻發現麵包比以往小得多，於是就對老闆說：「這麵包怎麼比平時要小一半啊？」

老闆狡辯說：「哦！不要緊，小的東西拿起來比較方便，你拿小麵包不是更方便了嗎？」

王東心中雖然很生氣，但不便和老闆來硬的，於是在付錢時，他拿了十塊錢給老闆，就離開了福利社。

老闆趕緊叫住王東：「喂！麵包是二十塊錢一個，你還沒有給足夠的錢呢！」

王東不慌不忙地回答：「不要緊，這樣你數起來不也比較方便嗎？」

老闆在說話時，出現了一個很明顯的漏洞，他以「小的東西拿起來比較方便」，引出「你拿小麵包不是更方便了嗎？」的狡辯，而王東正是緊緊抓住對方話中的漏洞，故意少給錢，在回答上仿照對方的邏輯，幽默地說「這樣你數起來不也比較方便嗎？」讓對方無話可說。

青少年朋友，在生活中，有時就會遇到一些不容講理、無法講理或

根本不講理的人或事，這時只要我們仔細思考，找出對方的漏洞，再使用簡短機智的幽默巧言，就會很有成效。只要能順利地處理生活中旁人對自己的蠻不講理，我們的口才也就會一天比一天更加優秀了。

以謬制謬的幽默絕學

在日常交際中，面對他人的謬論，如果我們一本正經地論事實、講道理，多費口舌不說，倘若碰到不講理的人，他還有可能胡攪蠻纏、大講歪理。

因此，一種可取的方法是，先不妨「默認」對方的謬論，然後再以此為前提，用同樣荒謬的言論予以反擊，這樣既能使對方陷入無言以對之境，又可給人幽默詼諧之感。請看以下這則故事：

某校國二班級接到演出任務，要排練一個酒後駕車的小表演。

這天下午，周宇、馬曉偉和杜飛進行緊張的排練。周宇出演愛喝酒的駕駛，他不喜歡這個角色，但又不好意思說。於是在排練時一直無法進入狀態。

這時，出演交通警察角色的馬曉偉問：「周宇你怎麼了，眼看演出的時間就快要到了，你卻總是不上心，我們可不能讓班級丟臉啊！」

聽到馬曉偉這麼說，周宇正中下懷，便故意刁難說：「你要我演一個酒鬼，但我連酒都沒喝過啊！想讓我演好，你要買一瓶酒給我，讓我喝了感受一下才行！」

馬曉偉聽出這是周宇在故意出難題，一下子識破他的詭計，便笑吟吟地說：「這個不難，我現在就到福利社買瓶酒讓你喝、體驗一下。不過，等下演酒後撞車時，又該怎麼辦？你會不會也要親自體驗一下？」

周宇立即不好意思地連連撓頭說道：「我開玩笑的！現在開始排練吧！」

面對周宇的荒謬提議，馬曉偉沒有直接反駁，而是假裝同意，再提出後面的「等下演酒後撞車時，又該怎麼辦呢？」的疑問，讓周宇的荒

謬提議不攻自破，這便是以謬制謬的語言技巧。

這種說話技巧是指在言語交際過程中，說話者明知對方所說荒謬，卻不立即指出，而以這個荒謬為前提，借助於聯想、想像等思維活動，創造出一種更為荒謬的言論進行反擊。

由於這種技法不僅蘊含著「以其人之道還治其人之身」的巧妙智慧，且還能使對方在謬誤現出原形之後，因無力回擊而不得不心服口服；因此，也就能讓人滋生出一種既出意料之外、又在情理之中的驚奇和驚嘆。幽默效應也就隨之而顯現。

顯而易見，「以謬制謬」中的兩個「謬」，一個已為客觀事實，自非重點和難點；另一個，也就是說話者為反擊對方之「謬」，而構建出的荒謬言論，則必須借助某種思維活動進行創造，這無疑是這個幽默術得以形成的關鍵。因此，我們有必要在這個新「謬」上用足功夫。其實，這個新「謬」的用法，主要表現在三個方面。

其一是引申放大，即將對方的謬論予以引申、放大，使其變得極為醒目，進而讓人覺得荒謬可笑。就像以下這則故事。

一位國文老師拿著一疊作文本走進教室，進行作文講評。作文題目是〈記一件有意義的事〉，結果全班 30 個同學中，有 20 個同學分別救了一個落水的小孩。

這位國文老師決定要學生重寫一篇，他是這樣對學生說的：「同學們，這次作文寫得好不好呢？我先不下結論，下面先請大家算一道數學題。一個班級共 30 個學生，有 20 個學生分別救起一個落水小孩，照這個比例，全校 500 個學生，一共救了多少落水小孩？若全國共有 5 萬個學生，一共救起多少落水小孩？」

聽老師這麼問，全班同學哄堂大笑！學生們異口同聲地說：「老師，讓我們重新寫一篇真實的吧！」

這個帶有啟發性質的引申放大法，教育效果如此之高，學生們異口同聲地主動要求重寫作文，從另一個側面展現了以謬制謬的幽默魅力。

其二是類比推導，即以對方的謬論作為前提，再運用類比之法推導出一個更為荒謬的結論，以此來顯現前提的荒謬。

以下我們一起來看一個古希臘的幽默小故事。

一場可怕的暴風雨過後，一位大腹便便的暴發戶對阿里斯提普斯說：「剛才我一點也不害怕，而你卻嚇得臉色蒼白。你還是個哲學家，真不可思議。」

阿里斯提普斯回答說：「這並不奇怪，我害怕，是因為想到希臘即將失去一位像我這樣的哲學家……但是，你如果淹死了，希臘最多也不過是損失了一個白痴！」

故事中，阿里斯提普斯沒有否認自己的害怕，他的聰明之處，是在暴發戶結論的基礎上，另闢蹊徑，為暴發戶的結論做了一個更加幽默的解釋，從而將暴發戶的結論推上不打自敗的境地。

這種方法從表面上來看是荒謬的，但實際上透過智慧的轉化，往往能謬中求勝。從這點來看，它一點也不荒謬，而且處處閃耀著智慧的靈光。

其三是誘人入彀，即先故意露出破綻，亮出一個與對方之謬在邏輯事理上有所關聯的謬論，以引誘其進入圈套，然後再反戈一擊，使其意識到前言的荒謬。除前面的例子之外，還有一種仿擬式，即說話者構建的新「謬」，與對方之「謬」在言語形式上極為相似。

由此可知，這種極具智慧之美、幽默之趣的「以謬制謬」之術，雖主要功用是在糾正對方謬誤，卻也能獲得營造友好氛圍、愉悅身心乃至和諧人際關係的效果。青少年朋友，如果在日常生活中也能試著一用，無疑能提升自己的交際形象。

巧用對方邏輯產生幽默

在現實生活中，如果依照常規的方式和態度說話，常常會處於被動地位，成為他人笑柄。而如果我們能依照他人的邏輯，用幽默的話語來回答，則會獲得另外一種效果。

某天，放學路上，某校高一的同學劉一凡向自己的同學何大山談論發生在鄰居家的事情。

鄰居江叔叔是個被開除的職員，經濟狀況很窘迫。前幾天突然接到一通電話，說他姑姑在國外不幸去世了，由於姑姑沒有子女，便立遺囑要把她辛苦經營一輩子的一間店送給江叔叔。

江叔叔趕緊借錢坐飛機飛過去，可是趕到時，才發現姑姑的商店在前一天被一場大火燒個精光。回國後，江叔叔十分沮喪，簡直像變了個人，整天只知怨天尤人，連工作也不去找了……

講到這裡，劉一凡感慨地對何大山說：「人啊！面對苦難要端正心態才對，本來就不曾擁有的東西，就更談不上失去呀！我覺得，他不應該跟自己過不去，對吧？」

劉一凡本來是想表達「人面對苦難要學會堅強，調整好心態」這個觀點的，但何大山卻故意詭異地一笑，說：「照你這麼說來，你從來沒有失去的東西，就一定是你已經擁有的了，對不對？」

劉一凡沒想到他會這麼問，愣了一下，很快便進行反駁：「照你的邏輯，你從來沒有丟失百萬巨款，這就說明你是個百萬富翁，對嗎？」

何大山抓抓頭，無力辯駁，尷尬地笑了。

在生活中，面對他人的明顯荒謬、失之偏頗的詰問，我們可以用對方相同邏輯的詰問來進行反駁，達到談話取勝的目的。

　　故事中兩人的談話，就是一場以幽默收場的辯論。何大山的詰問中，藏著一個圈套，想讓劉一凡上當，使他承認自己「沒有失去的，就是擁有的」這個觀點，然後玩弄詭辯，得出如「你從來沒有失去的東西，就一定是你已經擁有的了」等這類荒謬結論。

　　面對他的詰問，劉一凡看出他使用花招的用意，巧妙地用同樣的詰問來反駁他，在何大山尚未來得及玩弄詭辯的伎倆之前，先來個幽默的反擊。

　　依照何大山的邏輯，使用具體的假設「你從來沒有丟失百萬巨款，這就說明你是個百萬富翁」這樣明顯荒謬的結論，把他想進一步得出的詭辯結論當成武器，搶先瞄準了他，使其頓然語塞，因而就啞口無言、無言以對了。

讓人爆笑的懸念幽默術

　　青少年朋友，你知道嗎？在與他人聊天討論中，如果我們善於利用懸念與人說話，不僅會讓聰明才智得以發揮，還很容易製造幽默的效果，讓我們和他人的交談更加輕鬆愉快。

　　這種幽默方法一般是先把自己的思路納入對方的思維軌道，然後突然來個急轉彎，把對方置入困惑的境地，再用關鍵性話語一語道破，達到畫龍點睛的作用，讓聽眾在出乎意料中捧腹大笑。而幽默的最高境界，即在於此。

　　從前，美國有個倒賣香菸的商人到法國做生意。一天，在巴黎的集市上，他大談抽菸的好處。突然，聽眾裡走出一個老人，逕自走到臺前。

　　老人在臺上站定後，便大聲說道：「女士們，先生們，對抽菸的好處，除了這位先生講的以外，還有三大好處哩！」

　　美國商人一聽，連忙向老人道謝：「謝謝您了，先生，看您相貌不凡，肯定是位學識淵博的老人，請您把抽菸的三大好處當眾講講吧！」

　　老人微微一笑，說道：「第一，狗害怕抽菸的人，一見就逃跑。」臺下一片轟動，商人暗暗高興。

　　「第二，小偷不敢偷抽菸者的東西。」臺下嘖嘖稱奇，商人更加高興。

　　「第三，抽菸的人永遠不老。」臺下聽眾非常吃驚，商人更加喜不自禁。聽眾中，要求解釋的聲音一浪高過一浪。

　　老人把手一擺，說：「請安靜，我解釋給大家聽！」

　　商人特別振奮地說：「老先生，請您快說！」

　　「第一，抽菸的人駝背的多，狗一見到他，以為他要彎腰撿石頭打牠，牠能不害怕嗎？」臺下的人笑出聲，商人心裡一驚。

「第二，抽菸的人夜裡愛咳嗽，小偷以為他沒睡著，所以不敢去偷。」臺下一陣大笑，商人大汗直冒。

「第三，抽菸的人短命，所以沒有機會衰老。」臺下哄堂大笑。此時，大家發現商人不知什麼時候溜走了。

這則幽默故事一波三折，層層推進，一步一步把聽眾的思維推向迷惑不解的境地，在把聽眾的胃口吊得足夠「高」時，才不慌不忙地表達出真實意思。

不過，在日常聊天討論中，使用懸念幽默術時，還必須注意以下兩點：

第一，不要故弄玄虛，不著邊際。因為任何幽默都要求自然得體、順理成章。如果故弄玄虛，不但無法產生幽默效果，反而會讓人覺得無聊，甚至反感。

第二，做好充分的鋪墊，不要急於求成。製造懸念時，要做到天衣無縫，讓聽眾對結果產生錯誤的預料，然後就在聽眾的急切要求下，再把結果娓娓道來。讓聽眾有個緩衝時間，這樣聽眾就能更加深刻地領略其間的奧妙。

身為青少年，我們應該知道，在說話時，隨時保持幽默，可以讓人們覺得我們是和藹親切的人，自然願意跟我們交談、親近，這樣，不僅可以讓我們的口才越來越好，還會讓我們的交際能力越來越強。

一語雙關的含蓄幽默術

平時我們說話，通常是說一是一，說二是二，語言概念不能朦朧模糊，或任意偷換概念，否則語意表達不明，與人的交流就無法深入。但是，幽默作為一種情感思維，就可以打破通常的理性邏輯規範。一語雙關式的幽默就是很好的例證。

所謂一語雙關式的幽默，是指在一定的語言環境中，利用語言的同義、和諧義或能容納不同內涵的概念，使我們組織起來的語句，有意識地具有雙重意義。

簡言之，就是「話中有話」。這種幽默方法含蓄委婉、生動活潑、風趣詼諧，能給人以意外之感，又能讓人回味無窮。讓我們看看以下這則小故事。

一天，蘇丹同學過生日，她請了幾個同學在學校餐廳吃飯。蘇丹怕同學們說她小氣，一口氣點了滿滿一桌菜。

沒想到點菜過多，蘇丹和同學們無法吃完，看著桌上還剩下那麼多菜，蘇丹有點心疼父母賺錢不易，自言自語地說：「唉！早知道就不點這麼多菜了！」

這時，一旁的同學李小麗靈機一動，對蘇丹說：「別急著，我們吃不完，可以兜著走呀！」

在小麗的建議下，蘇丹請服務生幫她們打包剩下的菜。

「吃不完兜著走」這句話，通常是「吃不消」的意思，但李小麗卻根據當時的情景，把它的原義「東西吃不完，打包帶走」還原使用，使一句原本含有威脅、損人的話，變成了風趣、幽默，充滿友好和溫暖的勸告，收到了很好的幽默效果。

可以說，和其他幽默相比，雙關語是一種機智幽默，它很少會引起大笑，更常引起微笑。雙關語的基本手法包括襯托、擴喻、比擬、婉述、對錯……等，它要求人們把幽默的語言視為精神遊戲，從而產生一種全新的、趣味橫生的幽默。

一般而言，大家很喜歡一語雙關式的幽默。這種幽默有一定難度，在運用之前必須找到一個能容納不同意思的概念或詞語，還要使兩個概念在具體上下文中同時顯現。

運用一語雙關，可以把攻擊鋒芒掩蓋起來，讓對方在看似溫和的言辭中，明白自己真正的意圖。它的效果將使我們的智慧、情感和人格得以昇華，使我們的社交、交談立於不敗之地。

打個比方，有個不是很熟的人，向我們借錢，並要求我們替他保密。但我們並不想借錢給他，應該怎麼拒絕呢？直接回絕或許有些不妥，我們倒不如故作神祕地對他說：「你放心，我一定替你保密，這件事我就當沒聽過一樣。」

這裡的「就當沒聽過」，不僅指對方的保密要求，也暗示了對對方借錢的要求。既然沒聽過借錢的要求，自然也不會借錢給他。這個小幽默的精妙全在於此。

其實，一語雙關幽默術作為一種實用幽默技巧，誰都可以在適當時機把它派上用場，想成為聊天討論主角的你，當然就更要熟練掌握它了，你說是嗎？

提高幽默感的小竅門

俗話說：「笑一笑，十年少」。在生活中，太需要歡樂和笑聲了，輕鬆幽默的笑話是生活的佐料，笑口常開能使人驅散憂愁、打破寂寞、遠離呆板乏味，永遠充滿青春活力。

幽默，對有一定文化修養的人們來說，不是一種可有可無的性格特徵，而是一種共同追求的風度與素養。在現代人的社交圈子內，幽默已被公認是一種瀟灑，一種優雅。

幽默是滑稽，又不完全是滑稽。它比滑稽有更多的內涵，更高的層次。幽默是嘲諷，又不完全是嘲諷。幽默又是含蓄的，具有分寸感的，適可而止的。幽默是一種睿智的表現。在實際生活中，每一句幽默的語言，都是一個十分可貴的發光點。幽默是一種愛，能使生活變得輕鬆自然，使人們變得快活有趣。

一個風趣幽默的青少年，必定樂觀向上、胸襟豁達。同樣，一個怨天尤人、悲觀厭世的青少年，肯定與幽默無緣。因此我們說，幽默並不是天生的，它同樣可以透過後天修練獲得，以下是一些培養幽默口才藝術的小竅門，我們不妨一試。

1. 用歇後語

歇後語其內容雖不免庸俗，卻多令人忍俊不禁，也不乏知識性，如果運用得當，往往能博得他人一笑。比如，我們可以用「閻王出告示——鬼話連篇」來指出朋友所說純屬杜撰，也可用「天橋的把式——光說不練」指出他人不務實。雖然指出了他人的缺點，但由於風格幽默，對方無疑會樂得接受。

2. 正話反說

正話反說，用與本意相反的話來表達本意。這樣便可避免正面衝突，含蓄委婉，入情入理，會有一種出奇制勝的勸戒和諷刺效果。有時正話反說的曲折手法，可使人們在輕鬆的情境中相互溝通，使緊張的局面得到緩解。

3. 適當誇張

並不是只有詩人才能運用誇張，如果我們能在話語中適當地誇張一下，也能引人發笑。比如在現實生活中，我們要指出朋友的錯誤時，可以誇張地說：「天啊！我終於找到比我更笨的人了！我們趕緊結為異姓兄弟姐妹吧！」

4. 語言倒置

語言倒置也是一種幽默的方法。比如這樣說：「你命好，有兒子孝順。我呢？我得『孝順』兒子！」這種語義的倒置產生了強烈的幽默效果。

5. 形象比喻

利用形象的比喻來說明事物的性質，使語言既幽默又生動。比如，有人問一位採購人員：「採購這個工作好不好？」他這樣回答：「出門是兔子，辦事是孫子，回來是駱駝。」

「兔子」是指出門為了搶時間，趕車、趕船、跑得快；「孫子」是指為了買到所需貨物，不惜放下身段，向人家求情；「駱駝」是指回來時，不僅要辦好貨物託運，還要幫家人買東西，負載很重。他用形象的比喻，說明採購工作很辛苦。

6. 自貶引申

當我們不能說服對方時，不妨先自貶，然後透過其他方式，把意思表達出來，這樣就能讓對方在愉快中接受我們的觀點。

比如，麥克已經出版過兩部小說，表妹安妮也喜歡文學，某天兩人因為文學爭論了起來。

最後，麥克說：「安妮，妳根本不了解文學，如果可以，妳為什麼不寫一本小說出來？」

「我承認我寫不出小說，但這不代表我不了解文學。你想想，雖然我沒有生過雞蛋，但是對於雞蛋的味道，我卻比母雞知道得多。」一句話說完，兩人都笑了。

7. 擴充知識

幽默是一種智慧的表現，但它必須建立在豐富知識的基礎上。一個人只有擁有審時度勢的能力和廣博的知識，才能做到談資豐富，妙言成趣，從而作出恰當的比喻。因此，我們要培養幽默口才，還必須廣泛涉獵，充實自我，不斷從浩如煙海的書籍中，蒐集幽默的浪花；從名人趣事的精華中，擷取幽默的寶石。

8. 陶冶情操

幽默是一種寬容精神的展現。要善於體諒他人，要使自己學會幽默，就要學會雍容大度，克服斤斤計較，同時還要樂觀。

樂觀與幽默是親密的朋友，生活中如果多一點趣味和輕鬆，多一點微笑和包容，多一點樂觀與幽默，那就沒有克服不了的困難，也不會整天愁眉苦臉、憂心忡忡了。

9. 培養機智

　　培養深刻的洞察力，提高觀察事物的能力。培養機智和敏捷，是提高幽默感能力的一個重要面向。只有迅速地捕捉事物的本質，以恰當的比喻，詼諧的語言，才能使人們產生輕鬆的感覺。

　　當然在幽默的同時，還應注意，重大的原則問題是不能馬虎的，不同問題要不同對待，處理問題時要靈活，做到幽默而不俗套，使幽默能夠為人們的精神生活提供養料。

　　總之，我們應該明白，幽默是一種藝術，是一種智慧，也是一種水準展現；它讓人心情愉悅，又讓人關係融洽；幽默，是生活中不可或缺的一種調味品，常用常鮮！

　　當然，幽默的技巧還有很多，想成為一個完美的幽默青少年，也不是一朝一夕可以練就的，只有在日常生活中處處留心，經常向幽默高手學習、互動，日積月累後，我們才有可能成為一個「笑星」級青少年。那樣的話，我們也一定能贏得更多人的欣賞和喜歡。

第五章　人際交往的圓融策略

　　做人做事要學會圓融圓通。外示圓通，內存方正。一味方正肯定處處碰壁，一味圓通就會失去自我。做人必須方圓有度，剛柔並用。圓融圓通是做人處世的真正大法，圓融圓通是做人處世修練的真正功夫。

人際交往的和善祕訣

所謂和善並不意味著要討人喜歡。一個成功的生意人作出決定時，依據的標準是「什麼是對的」，而不是「什麼是討人喜歡的」。正是這一點，使他們能贏得人們的尊敬，不管他們是否討人喜歡。

生意人也是人，也有七情六欲。你既可以成為一個和善的人，享有關心、體貼人的美名，同時又堅強有力，完成任務毫不含糊。尊重人、為人和善，只會使你變得更加完美。

管理者和藹可親，就會使其他人感到快樂，你也會得到快樂，而這種快樂是無法以其他任何一種方式獲得的。如果你面帶誠懇、關切的微笑，對一個職員提出批評，作出明確的指示，那麼，你一定可以獲得圓滿的結果。

人們覺得你平易近人，樂於按照你的要求辦事。反之，如果你板著面孔嚴厲地提出批評，發出指示，則會引起人們的反感，達不到你所要求的效果。

享有盛譽的某購物中心，擁有 6 億美元的資產，它是靠這樣的經營哲學發家致富的：

如果今天交一個朋友，明天就可以做成一筆買賣。

這個道理很簡單。如果你先和善待人，你就有可能從人們身上得到你所需要的東西。而粗暴無禮，你將一無所獲。

要努力讓自己不要顯得高高在上、盛氣凌人。所謂和善，並不是要去巴結奉承，到處說「請」、「謝謝」，而是採取這種態度：「我對你好，希望你也對我好。我們不迴避難辦的問題，我們要在互相尊重的情況下解決它們。」

沒錯，你也可能認為，你見過許多粗暴、專橫的人，他們也能行得

通。誠然，從短期來看，有時甚至從長期來看，這些人也得逞了。

但是，在多數情況下，行不通。特別是在現今這個時代，員工們越來越無法容忍老闆的粗暴行為。如果你對員工不好，你是無法長久的。

待人處事一開始就要盡量富有人情味，與人為善。以後，你隨時可以在一些問題上採取強硬的立場。如果你一開始就非常粗暴、罵罵咧咧，以後想變得和善，那幾乎是不可能的，同事們絕不會相信你。

你從自身的經驗中可以知道。有一天，突然有一位高層人士指名道姓問候你的家庭情況，這一定會讓你留下深刻印象。這就是和善的表現。如果必要的話，你不妨試試以下這些表示和善的做法：

第一，當人家特意安排，滿足你的行程時，你應當做出三倍的努力，報答人家。

第二，不管是老闆，還是同事或下屬，主動為他們開門。

第三，與上司、長輩或客戶同行時，盡量比他們慢半步走。

第四，如果你正在開會，不妨暫時離開一會，親自出來告訴你的下一個約會者，你要推遲一段時間，請他到你的辦公室或會議室稍候。

第五，提醒你的祕書，對每個人都要和善客氣，不要僅在對待他認為你喜歡的那些人時，才和善客氣。

第六，每當你碰到一些粗魯無禮的人，你就在內心笑一笑，默默地說：「天啊！世界上還有這樣的人，幸好我不是他。」

第七，在作自我介紹時，說出你的名字，不要以為人家都會知道。要記住人家的名字，且有意識地使用它。

有人覺得，他的權力和威望越大，他就越沒有必要表現和善。這個看法是不對的。你的地位越高，人們就越會注意你的為人，並以你為榜樣。

你應當對那些你不太喜歡的人，表現特別的和善。不妨試試，誰知道會有什麼結果呢？但我敢保證，效果一定不錯！

人際交往的平和策略

古時候有「天時不如地利，地利不如人和」之說，「人和」在作戰中是相當重要的一個獲勝條件。其實在生活中，「人和」也是很重要的，要想「人和」，首先要學會「平和」。

平和待人，平和處世。很多時候，「平和」的態度可以解決好多看似不好解決的問題。所以又有「平和為貴」之說。

一群年輕人在一家火鍋店為朋友慶生，其中有一個人拿著自己已吃過的蛋餃要求更換，由於火鍋店有規定，吃過的東西是不能換的，所以遭到拒絕，雙方因為不能相互謙讓而大打出手。

最後，火鍋店以人多勢眾的優勢，打敗了那幾個年輕人，可以說博弈的結果，是火鍋店的一方贏了，而實質上，他們真的贏了嗎？

從長遠來看，他們並沒有贏。這就是處世中的一種博弈，他們的勝利是建立在失敗方的辛酸和苦澀上的，那麼，他們也將為此付出代價。

具體分析這件事情，不難發現，火鍋店的生意也會因此受到影響，傳出去就會變成「這家店的服務真是太差勁了，店員竟敢打顧客，以後再也不來這裡了」，「你有聽說嗎？這家店打顧客耶！以後還是少來這裡」，「什麼店啊！竟然打人，這家餐廳肯定不怎麼樣」……等。不保持平和的處世，是人際博弈中最糟糕的。

平時，還有許多這種事例。像在同學之間，課間休息時，有人站在走道上，別人要進出，請這個人讓路，但這個人就是不讓，衝突就出現了：

一個是：你要過去，我偏不讓。意思是，請繞道；另一個是：你不讓，我偏要過，我就是不繞道。

　　結果兩人在爭執不下的情況下，性急的一方便大打出手，於是，兩人扭打成一團。而後，被老師叫到辦公室訓話。從此，兩人不再往來，即使相遇，也互相吹鬍子瞪眼。

　　在日常生活中，經常可以看到這種狀況，很多人因為一些芝麻小事就口沫橫飛，甚至還大動肝火。

　　為一些不必要的小事而爭執，這麼做不僅傷神且費力，實在不值得。所以，凡事要看開一點，不要斤斤計較個人得失，胸襟放的坦蕩一點，凡事都平和一些。

　　藺相如自從「完璧歸趙」後，仕途一帆風順，步步高陞。尤其是西元前279年澠池之會，藺相如英勇頑強地與秦王鬥爭，終於使趙王免於受辱。

　　回國後，趙王意識到藺相如的英勇機智、過人膽識，就把他封為上卿，地位在廉頗之上。照理說，以藺相如的才幹，勝任上卿這個職位，應該是沒有問題的。

　　但廉頗心裡卻極不舒服，心想：「我廉頗為趙國出生入死，出了多少汗，流了多少血，才有今天的地位，而你卻憑著區區三寸不爛之舌，居然可以爬到我的頭上，我怎能嚥下這口氣！」廉頗揚言，他要找機會羞辱藺相如。

　　一次，藺相如馬車和廉頗的馬車在街上不期而遇。由於街道狹窄，只能通行一輛馬車，藺相如二話不說，駕車繞道而去。此後，只要看見廉頗，便繞道而行。一連幾次，藺相如的門客們都看不下去，紛紛問他緣由。

　　藺相如耐心地對大家說：「你們看廉將軍與秦王哪個厲害？」

　　「當然是秦王厲害。」大家都這樣回答。

　　「那我連秦王都不怕，怎麼還會怕廉將軍呢？兩虎相爭，必有一傷。

而秦國之所以怕趙國，就因為有我和廉將軍，如果我們倆爭了起來，會有什麼後果呢？」眾人一聽，啞口無言，都為藺相如的大仁大義所感動。

當這話傳到廉頗耳中，廉頗頓時後悔不已。他心想：「是啊！自己身為國家重臣，竟然為了一點私人小利而置國家於不顧，太不應該了，多虧藺相如不和自己一般見識。」

他明白自己錯了，且犯了一個令人不可饒恕的錯，但廉頗不愧為人中豪傑。於是他就綁上荊條，赤裸著上身，親自到藺府登門謝罪，乞求能得到藺相如的寬恕。

以和為貴，所以，平和才是最為重要的，只有平和的關係，才能使雙方好好合作，才能讓你在處世的過程中，少一份煩惱。看看古今那些在事業上有所建樹的人，他們都是襟懷坦蕩，恢宏大度的人，他們處處都抱著一種「平和」的處世態度。

處世平和的人，一定是心胸廣闊的人。俗語說：「量小失眾友，度大集群朋。」待人處世要有寬闊的胸襟，恢宏的度量，只有這樣才能贏得更好的友誼。也只有胸懷寬廣的人，才能在你危難時助你一臂之力。

胸襟狹窄者，會嫉人之才，譏人之誤，因而在他們周圍，便會產生一種無形的排擠力，讓人避而遠之。這樣不但對他人沒有好處，且對他自己也沒有好處。像龐涓那樣嫉賢妒能的小肚雞腸者，最終落得個身敗名裂的下場。

古云：「海納百川，有容乃大；壁立千仞，無欲則剛。」所以，我們應該做到「有容」。再來看一則平和處世故事：

西元前 605 年，也就是周定王二年，楚莊王經過艱苦作戰，平定了令尹越椒發動的叛亂後，他大擺酒宴。在酒宴開始時，莊王興致勃勃地說：「我已有六年時間沒有擊鼓歡樂了，今日平定奸臣作亂，破例大家歡樂一天，朝中文武官員，均來就宴，共同暢飲。」

這時，滿朝文武就與莊王共同歡歌共舞，共享勝利。直到夜深，莊王的興致仍然不減，他命人點起蠟燭，繼續歡樂，還要寵妾許姬來為他們祝酒。

一會，忽然一陣大風吹來，將燈燭都吹滅。這時，有一人見許姬長得美貌，加上飲酒過度，難於自控，便乘黑燈瞎火之際，仗著酒意，暗中偷拉許姬的衣袖，他大概是想一親芳澤吧！

許姬嚇了一跳，在左手奮力掙脫後，右手順勢扯下那人帽子上的一個纓帶。許姬取纓在手，連忙告訴莊王說，剛才敬酒時，有人乘燭滅，欲有不軌，現在我把他帽子的纓帶抓了下來，大王快命人點燃蠟燭，看看是哪個膽大包天的傢伙！

誰知莊王聽後，卻對許姬說：「賞賜大家喝酒，讓他們喝酒而失禮，這是我的過錯，我怎能在別人喝醉時辱沒人呢？」

莊王不但不追究，反而命令左右掌燈的人：「切莫點燭，寡人今日要與眾卿盡情歡樂，開懷暢飲。如果不扯斷纓帶，說明他沒有盡興，那我就要處罰他！」

眾人一聽，齊聲稱好，等一百多人全都扯掉纓帶後。莊王才命令點燃蠟燭。就這樣，他不聲不響地把那個膽大妄為的人隱瞞過去了。

在散席後，許姬仍憤憤不平。莊王卻笑著說：「這妳就不懂了。妳想想看，今天是我請百官來飲酒，大家從白天喝到晚上，大多帶有幾分醉意。酒醉出現狂態，不足為怪。如果我照你說的，把那個人查出來。首先，會損害妳的名節；其次，又會破壞酒宴上的歡樂氣氛；再說，也會損我的一員大將。現在我對他寬大為懷，他必知恩圖報，於國、於家、於我、於他，都是有利的事情啊！」

許姬聽了莊王的一番話，十分佩服。一個將領調戲自己的愛妾，對至尊無上的君主來說，無疑是極大的羞辱。這在當時的社會，絕對屬大

逆不道的犯上之舉。誰要是犯了這方面的罪過，不掉腦袋才怪呢！

可是楚莊王卻能裝糊塗，他原諒了屬下的過錯，還想方設法為他打馬虎眼，這樣的領導者，的確高明。

然而在七年之後，周定王十年，楚莊王興兵伐鄭，前部主帥襄老的副將唐狡，自告奮勇帶百餘名士卒作開路先鋒。

唐狡與眾士卒奮力作戰，以死相拚，終於殺出一條血路，使後續部隊兵不血刃殺到鄭都，這使莊王非常高興，稱讚：「老將軍老當益壯，進軍如此迅猛，真是大長我軍威風，為楚國立下大功啊！」

襄老答道：「這哪裡是老臣的功勞？都是老臣副將唐狡的戰功啊！」

於是，莊王下令召來唐狡，準備重賞，誰知唐狡卻答道：「為臣曾受大王恩賞已經太多，即使戰死也不足為報，哪還敢再求賞呢？」

莊王覺得很奇怪，他疑惑的是，以前並沒有賞賜他呀！何以如此說呢？唐狡接著說道：「我就是『絕纓會』上抓了許姬袖子的人，大王不處置小臣，小臣不敢不以死相報。」

其實，這就是所謂的平和處世。如果我們能用開闊的胸懷去接納他人，我們就能收到更好的效果。就像莊王當初若治那個人的罪，那他也不會得到這個效力殺敵的猛士。

平和的心態還來自於我們寬容的心，只有用寬容的心，才能達到更好的博弈效果。特別是身為領導人物，有一個寬容的心，才能更佳管理好下屬。

武則天之所以成為一代女皇，很大程度取決於她是一個心胸寬廣的人。她用人從不計門第，不欺無名，不避仇怨。上官婉兒的祖父上官儀和父親上官庭芝都被武則天所殺，上官婉兒被黥面罰為宮裡的奴婢，武則天發現上官婉兒文學才華很好，就把她收在自己身邊，信任重用。批閱奏章、起草詔令都交給上官婉兒辦理。

　　但是，最初婉兒並沒有效忠武則天，且為了替家人報仇，參與了政變，成為罪人。這對高宗來說，應是充滿同情和設法庇護的。但他懼怕武則天，只能藉口有病，「不能多動心思」，而讓武則天決定。這對司法大臣來說，只能提出按律「應處以絞刑」，若念其年幼，也可施以流刑，即發配嶺南充軍。

　　武則天則認為：據其罪行，應判絞刑。但念她才十幾歲，若再受些教育，是可以變好的。所以，不宜處死。而發配嶺南，山高路遠，又環境惡劣，對一個少女來說，也等於要了她的命。所以，也太重些。尤其是她很有天資，若用心培養，一定會成為非常出色的人才。

　　鑑此，武則天決定對婉兒處以黥刑，即在她的額頭上刺一朵梅花，把硃砂塗進去。並把婉兒留在自己身邊。結果上官婉兒的確被武則天感化了。武則天還一直對婉兒悉心指導，從多方面去感化她、培養她、重用她。

　　武則天用寬廣的胸懷包容上官婉兒，其實也是一種博弈，在這場博弈中，武則天看中婉兒的才華，所以對她施以仁愛，該殺而不殺，還把她留在自己身邊。她這種做法，一定會使婉兒感激涕零的。

　　而且，這樣一來，婉兒便更徹底消除對武則天的怨恨和誤解，取而代之的是對她不殺之恩的感激，且她還會用她的聰明才智，盡心盡力地替武則天分憂解難。

批評人也要講技巧

每個人都有犯錯的時候，朋友也不例外。那麼，身為朋友，我們理所當然地要向他指正。只是，每個人都好面子，尤其當對方還是我們的摯友時，說淺了不會造成作用，說深了會傷害感情，如何說話也就成為一個技術含量非常高的工作。

劉志輝和張會林在學校是同宿舍好友，關係十分親密。張會林家裡有錢，又是獨子，有點嬌縱，但是性格很直爽，為人很熱情。

劉志輝家境不太好，從小自立，自尊心很強。他在讀書的同時，每天早晨不到 5 點，就要到餐廳打工。

隨著課業壓力增加，在考試期間，兩人之間產生了矛盾。

有一天，劉志輝 4 點半就起床了，在洗漱的時候，聲音太大，把其他人都吵醒了。張會林想，其他人跟劉志輝的關係都普通，有意見也不好說出口，自己身為他的好朋友，理應批評他一下。於是就說：「你上班幹麼非得把全宿舍的人都吵醒啊？你自己賺了錢，但人家還要陪著你無法睡覺啊？」

劉志輝一愣，心想：「別人這麼說，也就算了，你是我最好的朋友，怎不思量一下我的難處，卻來批評我？」，於是他沒好氣地說：「你以為我樂意早上 5 點就起床，去那臭乎乎的廚房裡工作嗎？我父親沒辦法一年到頭養我，我得自己賺錢養活自己。我不像你，懶在家裡，能靠家裡供養。你自己清楚，你是我認識的人中，最懶的一個。」

張會林一下子被激怒了，打人不打臉，罵人不揭短，這說話得也太過分了吧！「哦！別來這套。昨晚看書一直看到兩點的是誰？誰又說什麼啦？難道你就不能輕一點嗎？怎麼那麼自私呢？就不稍稍考量一下別人！」

　　兩個人你一言、我一語，針尖對麥芒。最後，雙方都撕破了臉，幾年的友情瞬間化為烏有。

　　人往往就是這樣，一旦被戳中痛處，就會全力反抗。顯然，張會林沒有注意到自己不恰當的批評方式，會讓劉志輝下不了臺。

　　假如他們都不那麼感情用事，而採取負責的態度來表達自己的不滿，就可以避免朋友的怒氣，至少可以減少發怒的可能性。如果張會林當時能這樣說，就完全可以避免一場爭吵：

　　「我想告訴你，我有點不舒服，也可能是這幾天的考試讓我太過緊張煩躁。昨晚我沒睡好，今天 5 點又被你弄醒，我心裡有點生氣，你似乎沒考量過我的休息。況且，這裡還有其他人，也應該注意他們的感受。」

　　聽了這些話，劉志輝或許就會明白自己的過錯，而且不會發火。「金無足赤，人無完人」，朋友也是有缺點、錯誤的。身為好朋友，就要直陳人過，開展批評。

　　我們要贏得友誼，在說話時，就不要因對方一件事沒做好，就說些不順耳的話，小則造成不愉快，大則會把真誠的友誼揮霍殆盡。指出朋友的缺點時，不僅要使用委婉的話語，還要注意不要當眾批評，免得讓朋友在眾人面前難堪。

　　有人曾說過：「一句不慎的話，足以讓十句光彩照人的話黯然失色，一段真摯的友情也會產生裂痕。」所以，同樣是批評，為何不能換個方式，溫和地表達呢？

　　一個微笑，一個眼神，足以傳遞出善意或嚴厲的批評，但這些批評都可以是甜的。甜甜的批評，是出於對對方充分的尊重，和自我最高尚的修養而發出的。善待別人，就是善待自己，且善意的批評，往往會收到比粗暴的批評更有效的結果。

　　老余是一家公司的董事長，憑著自己的堅毅和果斷創辦了這家公

司。只是這位董事長平時少言寡語，給人的印象就是嚴肅認真，但他也有出人意料的時候。

老余邀請他的一個同窗好友當他的總經理，不過，這個好友雖然是女性，卻有男孩子的性格，常常粗心大意，處理公文時容易忘東忘西，有一次還差點出了大問題。老余很想說她一下，但又怕傷到她。

思索了幾天，老余終於想到一個好方法，既能提醒她，又能讓她樂於接受。一天早晨，老余看見好友走進辦公室，便對她說：「今天妳穿的這身衣服很好看啊！越發展現出妳的年輕漂亮。」

這幾句話出自老余口中，讓好友很吃驚，想不到嚴肅的老朋友，也有誇人的時候啊！這時，老余又說：「但不要驕傲，我相信妳的公文處理，也能和妳一樣漂亮。」好友一下子就明白老余的意思，果然從那時起，她在公文上就很少出錯了。

一位朋友知道了這件事，就問老余：「想不到你這麼嚴肅的人，也會使用這種奇妙的方法，你是怎麼想出來的？」

老余笑呵呵地說：「說起來很簡單，刮鬍子時，都要先抹肥皂水，然後再刮。我想到我會這麼做，是為了刮鬍子時不會痛。所以呢！我就想到，批評人的時候，也可以這樣，讓對方愉快地接受。」

看到了吧！批評也是要講藝術的。很多人都有這種觀念，覺得對朋友讚美就好，批評了會傷害感情。而實際上，當我們覺得朋友做事不恰當時，對他的批評，好朋友是不會見怪的，至少他知道你是善意的。

當然，對朋友的批評，還是要掌握技巧，才會讓人願意接受。這就要求我們在和朋友的相處中，做一個善於批評的角色。朋友之間的友誼非常珍貴，盡量不要去破壞它。對朋友的錯誤，批評是必要的，只是我們要使用恰當的方法。

首先，批評要與讚美相結合。適度的批評之後，對於其優點，別忘

了加上幾句稱讚的話，才不會損壞彼此的情誼。「以理服人」是對的，但道理有時並不容易被直接接受，甚至會讓對方產生反感，儘管在反感時，他內心並不一定認為道理錯了。

其次，要爭取讓對方心服口服，這就需要一定的技巧了。有時，批評者往往認為自己是好心，但如果話中帶有威脅，效果就難以達到，甚至會給雙方造成不良影響。如兩個朋友發生一點摩擦，一方大叫「你這樣的人，誰還會願意和你在一起」，對方馬上回嘴「不當朋友就不當朋友，你有什麼了不起」，好心的批評也會造成反面效果。

善於批評者，會讓對方覺得彷彿不是在批評自己，倒像在勸說自己，就容易被對方接受。批評的語言中，應避免「你應該」、「你必須」之類的詞，多用溫和的口氣，避免對方的反感，在任何「強攻」都難奏效時，還不如暫停。

最後，批評的目的，是要讓對方接受自己的意見。僅僅是理由充足還不夠，還要掌握對方的心理特點，對不同性格的人，應該使用不同的方法，因人而異。

不必要的爭吵很糟糕

　　人和人之間就某件事產生分歧，是非常正常的。很多人在產生分歧後，首先想到的是爭論，甚至爭吵，這似乎也是正常的。但正是這種似乎正常的解決方式，卻恰恰是最糟糕的方法。其實，最好的辦法，就是避免爭吵。

　　在一次宴會上，一位先生講了個幽默故事，其中提到一段話，他說是出自《聖經》，然而他的鄰座很清楚地記得，這是出自莎士比亞（William Shakespeare）的作品，於是很自信地指出了這個錯誤，結果是各執己見，互不相讓。

　　正好旁邊是一位莎翁研究專家，於是決定讓他評判，那位專家對指出錯誤的先生說：「你錯了，那位先生是對的。」

　　在回家的路上，被指出錯誤的那位先生，很詫異地問專家：「你明明知道我是對的，怎麼說他是對的？」

　　專家回答：「這麼多人看著，你為什麼要讓他沒面子，如果讓他丟了臉，他會恨你一輩子，絕不會感激你指出他的錯誤，絕對不要以為指出他的錯誤是為他好！」

　　事實確實如此，和一個人爭吵，一般是不會有什麼好結果的，因為為了各自的自尊，誰都不願意輕易屈服。但往往分歧雙方都各有優點，也各有缺點，或者根本就沒有好壞可言，只是角度不一樣，所以爭吵是不可能有結果的。

　　而且，爭吵總是營造一種敵對的氣氛，在這種氣氛中，雙方都只會盯著對方的缺點，而不會考量對方的優點。即使是很明顯的一個錯誤，你把它指出來，或用你的天才般辯論，把他駁得體無完膚，讓他覺得低

人一等，其結果只會使他怨恨你，或違心地服理，但可能觀點照舊，甚至會在以後的工作中，影響相互的合作。

即使是 1+1=3 這樣簡單低級的錯誤，你也該找個恰當的機會指出來，越是簡單的錯誤，越不能公開地、無情地指出。釋迦牟尼說：「恨不消恨，唯愛釋恨。」當你抱著敵對的態度去解決問題，結果只會水火不容。只有在尊重對方的同時提出建議，才可能被接受。所以我們要盡量避免爭吵。

要做到避免爭吵，首先要有歡迎分歧的態度，記住這條格言：「如果一對夥伴總是意見一致，那麼他們當中的一個就是多餘的。」所以分歧是必需的、也是必然的，沒有分歧就沒有解決問題的最佳辦法。

其次要告訴自己，在發生分歧時，要冷靜地先聽對方說，給對方時間，然後你才會有較客觀的評價。但最重要的是如何開口，很多人在開口前是理智的，但慢慢就失去控制，無法控制對方情緒，也無法控制自己的情緒。

一開口要先強調對方的優點，先肯定對方，然後承認自己觀點中的不足，即使沒有，也要編一個。因為要讓對方意識到他的不足，最好的辦法就是先自我批評，最後很婉轉地提出對方的不足，請他考量。相信這個簡單的程序，能避免大部分的爭吵。

寬容讓你獲得友情

在日常生活中，難免會發生這樣的事：親密無間的朋友，無意或有意做了傷害你的事，你是寬容他，還是從此分手？或伺機報復？有句話叫「以牙還牙」，分手或報復似乎更符合人的本能心理。

但這樣做，怨會越結越深，仇會越積越多，真是冤冤相報何時了。如果你在切膚之痛後，採取別人難以想像的態度，寬容對方，表現出別人難以達到的襟懷，你的形象瞬間就會高大起來。你的寬宏大量、光明磊落，會讓你的精神達到新的境界，你的人格折射出高尚的光彩。

寬容，作為一種美德，受到人們的推崇；作為一種人際交往的心理因素，也越來越受到人們的重視和青睞。寬容是解除疙瘩的最佳良藥，寬廣胸襟是交友的上乘之道，寬容能使你贏得朋友友誼。

一般人總認為，做了錯事，得到報應才算公平。但英國詩人濟慈（John Keats）說：「人們應該彼此容忍，每個人都有缺點，在他最薄弱的方面，每個人都能被切割搗碎。」

每個人都有弱點與缺陷，都可能會犯下這樣、那樣的錯誤。身為肇事者，要竭力避免傷害他人；但身為受害者，要以博大胸懷寬容對方，避免怨恨、負面情緒的產生，消除人為的緊張，癒合身心的創傷。

美國第三任總統傑弗遜（Thomas Jefferson）與第二任總統亞當斯從交惡到寬恕，就是一個生動的例子。

傑弗遜在就任前夕，到白宮去，想告訴亞當斯，他希望針鋒相對的競選活動並沒有破壞他們之間的友誼。但據說傑弗遜還來不及開口，亞當斯便咆哮：「是你把我趕走的！是你把我趕走的！」

從此兩人絕交達數年之久。直到後來，傑弗遜的幾個鄰居去探訪亞

當斯，這個堅強的老人仍在訴說那件難堪的事，但接著衝口說出：「我一直都喜歡傑弗遜，現在仍然喜歡他。」

鄰居把這句話傳給傑弗遜，傑弗遜便請了一個彼此皆熟悉的朋友傳話，讓亞當斯也知道他的深重友情。

後來，亞當斯回了一封信給他，兩人從此開始了美國歷史上最偉大的書信往來。

這個例子告訴我們，寬容是一種多麼可貴的精神、高尚的人格。寬容意味理解和通融，是融合人際關係的催化劑，是友誼之橋的黏著劑，還能將敵意化解為友誼。

戴爾‧卡內基（Dale Carnegie）在電臺上介紹《小婦人》（*Little Women*）的作者時，心不在焉地說錯了地理位置。其中一位聽眾就寫信來罵他，把他罵得體無完膚。

卡內基當時真想回信告訴她：「我把區域位置說錯了，但從來沒有見過像妳這麼粗魯無禮的女人」。但他控制了自己，沒有向她回擊，他鼓勵自己將敵意化解為友誼。他自問：「如果我是她的話，可能也會像她一樣憤怒嗎？」

他盡量站在對方的立場來思索這件事情。他打了通電話給她，再三向她承認錯誤，並表達歉意。這位太太終於表示了對他的敬佩，希望能與他進一步深交。

寬容具有這樣巨大的力量，我們怎樣培養這種寬容的性格特點，去理解別人呢？

首先，我們可以試著對傷害自己的人表示友好。寬容是一種博大，是一種境界，是一種優良的人格展現，對曾經有意無意傷害過自己的人，要有寬容的精神。這樣做雖然困難，但更能反映出你的寬大胸懷和雍容大度。

第五章　人際交往的圓融策略

　　用你的體諒、關懷、寬容對待曾經傷害過你的人，使他感受到你的真誠和溫暖。也許有人會說，寬容別人是否證明自己放棄原則，太軟弱了？其實寬容是堅強的表現、是思想的昇華。

　　其次，我們可以容忍並接受他人的觀點。人們都希望和那些懂得容忍自己的人相處，而不希望和那些時刻會對自己說三道四、挑三揀四的人在一起。專門找別人麻煩，動輒教訓他人的「批評家」，大概不會有什麼朋友。

　　根據自己所確立的倫理和宗教方面的嚴格標準去要求別人投自己所好，誰見了都會退避三舍；而那些能容忍和喜歡別人以本來面目出現的人們，往往具有感動人和促使人積極向上的力量。當你想和朋友友好相處時，要尊重對方的人格和優點，容忍對方的弱點和缺陷，切莫試圖去指責或改變對方。

　　另外，我們要努力發現和承認他人的價值。容忍他人的不足和缺陷很容易，困難的是發現和承認他人的價值，這是一種更為正面的人生態度。

　　每個人只要樂於尋找，一定能找到他人身上許許多多優點和長處。能發現和承認他人的長處，那就實現了人生價值的全部意義。只有既能容人之短，又能容人之長，才更顯出胸懷的寬闊、人格的高尚。

向你的贏家求教

我們常說：「我們做不到」，因為我們只接觸到一般人，一般人都以他們眼下的成就為榮。

1982 年，美國哈雷摩托車的主管前往日本本田摩托車設在俄亥俄州的工廠訪問，結果令他們大為吃驚。

當時本田在美國重型摩托車市場擁有 40% 的占有率，是哈雷最強勁的對手。因為摩托車騎士都認為本田的摩托車不但價廉，而且比哈雷耐用好騎。

哈雷當時只想學學本田用來打敗他們的科技，但他們在本田廠內卻看不到電腦，也沒有機器人，沒有特別的作業系統，而只有少量的紙上作業。

他們看到除了 30 名職員領導著 420 名裝配工人外，再沒有別的了，只是這些員工對工作顯得很滿意。

本田的贏，贏在它會活用常識，而這也是哈雷可以學習的地方。5 年後，哈雷重振旗鼓，在美國重型摩托車的市場占有率從 23% 倍增到 46%。

一切都是因為俄亥俄之旅，使哈雷的態度有了革命性的轉變，從美國式的好勇鬥狠，變成卑微可親，到處求知的形象。在一年之內，哈雷採用了最好的人事管理制度和品牌策略，這些使哈雷得以脫胎換骨。

想出人頭地，就要學習。各行各業的從業者想成為未來的霸主，就必須有外出向同行學習的膽量。他們必須鐵面無私地評估自己的目標和能力，然後模仿、學習，調整、適應，甚至如果肯努力的話，有時還能超越他們原來學習的對象。

第五章　人際交往的圓融策略

　　各行各業都有模仿的對象：沒有蘇格拉底，就沒有柏拉圖；俄國冰上曲棍球隊學加拿大隊；馬諦斯取法高更的繪畫技巧。

　　向贏家求教的效果是十分驚人的。以眼鏡製造商「西柏視力」的前董事長東尼為例。雖然從未碰到哈雷那樣的破產危機，但還是因為肯向贏家學習而獲得徹底的改變。

　　東尼學習的數十家對象，包括禮來藥廠位於加州聖地牙哥的子公司「先進心臟導管系統」公司，他發現耐心，再加上以顧客為導向的作業管理，才是置身世界領袖之林的途徑，這使他的經商理念完全改觀。

　　創業者應謹慎地擬定自己的學習計畫，下列學習的 9 個步驟可供企業主參考：

　　① 找出問題所在；② 選擇能替你解決問題的公司；③ 做好事前準備；④ 出門拜訪；⑤ 歸來後簡要匯報；⑥ 把學習化為行動；⑦ 將所學傳遍全公司；⑧ 以成績向老師證明；⑨ 重複循環。

　　吸取他人經驗是第一步，越學越會發現強中更有強中手。把企業每個環節的表現與各地的同類表現相比。製造福特「Taurus」轎車的工程師，在設計 400 多個元件時，立志要讓這些元件成為「同級冠軍」，在福特看來，這個目標他們達到了 77%，但還在繼續改進其他部分。日本製造商現在已無法在設計上超越福特，但是在生產時間上，仍然占有優勢。

　　創業者變成贏家之後，更要潛心學習。美國康州有間堪稱全球管理最好的超級市場。它有一輛巴士，公司就利用這輛巴士定期載員工出去，參觀別的同業，有時還到 400 英里遠以外的超級市場參觀。他們把這種實地參觀叫做「一個點子俱樂部」。每個員工至少要找到一處別家超市比自己強的地方，而且要提出如何可以迎頭趕上，甚至超越的點子。

　　觀摩與比較，通常會促使一家公司採取並實施最有效的改進措施。摩托羅拉於 1981 年制定了一個似乎難以達成的目標：在 5 年內將品管統

計方法改進十位。結果在 1983 年底，他們就比預定期限提早兩年達到這個目標。摩托羅拉的副總裁說：

我們現在明白，一個人必須樹立高遠和不可能的目標，以前我們年成長率維持在 15%，如果我們將成長率提高到 20%，大家會多流一些汗，達到公司的要求，但不會在作業方式上有真正的大改進。若現在我們說要達到 10 倍的成長，那麼大家就知道這樣非得痛下苦功不可了。

任何人都能找到贏家並加以模仿，也許創業者可以從自己的最佳供應商或最佳顧客開始。美國第一芝加哥公司發起一項品管運動時，他們知道這跟許多著名的大公司 3M、 IBM……等有關係，於是主動向這些公司求助。

有些公司甚至向他們的日本關係企業學習。小公司剛開始可以先向供應商學習，其實，大部分傑出的公司都很樂於助人，但是，如果你的對手不肯幫忙，沒關係。

整理出公司內部需要協助的部分，然後找一家非競爭的其他行業的企業。這樣的企業同樣可以帶給你啟發和指導，關鍵看你會不會學。

與人方便才能自己方便

　　說到底，人與人之間最高的境界應該是相互理解，俗話說：「與人方便，自己方便」，無論任何人際交往的技能，都是殊途同歸，為了獲得理解與支持。

　　理解他人能化干戈為玉帛，化仇敵為朋友，最終在人際關係中，達到成功，利用「不可思議的關懷，和與公司中任何人都相互透澈地理解」來達到事業的順暢。

　　從這個意義上來說，理解是讚美的終極，理解是讚美的超級形態。你在理解同事時，他們已經感受到讚美的陽光，用陽光中最虔誠的一個「笑臉」給你應有的回報。

　　俗話說：「勿以惡小而為之，勿以善小而不為。」讚美他人也須遵循相同道理，即「勿以事小而不讚。」因為在現實生活中，不是每個人都是人傑英雄，更多的是凡夫俗子，即使是偉人、名人，也不一定天天都有驚天動地的舉動可供你讚揚。

　　在讚美他人時，一定要慷慨大方，不要等別人做大事後，才去讚美他，要善於從小事著手，去讚美他人。

　　在現實生活中，只要你是一個有心人，就會發現有許許多多小事值得我們去讚美，魯迅先生曾因為一件小事所帶來的心靈震撼，而感到自己的渺小。

　　如果某天早晨，妳的丈夫偶然一次早起為妳準備早餐，妳不妨大大讚美他一番，那他今後起床做早餐的頻率將會更高。

　　如果你家的小孩，有天非常小心地在家做好了晚餐等你回家，當你回到家中，先不要吃驚孩子臉上的汙漬，也不要惋惜已經摔破的碗盤，

要先讚美孩子一番，即使孩子所炒的菜讓人難以下嚥。

因為你的讚美，可以讓孩子下頓或下下頓飯變的更美味。在公司，如果某位職員，記述你口述的信件，速度比你想像的還快，不妨表揚他一下，今後他的工作一定會更加賣力。如果某人幫你一個小忙，不妨告訴他你心裡的感謝，這樣，他才會樂意為你做更多的事。

要從一件小事上去讚美他人，必須注重細節，不要對他人在細節上所花費的時間和心血視而不見，而要特別地對這番煞費苦心表示肯定和感謝。因為對方所做的一些小事，正說明對方對此事的偏愛，也說明他渴望得到應用的肯定與讚揚。

法國總統戴高樂在 1960 年訪問美國時，在一次尼克森（Richard Nixon）為他舉行的宴會上，尼克森夫人費了很大的心思，布置了一個漂亮的鮮花展臺，在一張馬蹄形的桌子中央，鮮豔奪目的熱帶鮮花襯托著一個精緻的噴泉。

精明的戴高樂將軍一眼就看出這是主人為了歡迎他而精心設計製作的，不禁脫口讚道：「女主人為舉行一次正式的宴會，要花很多時間來進行漂亮、雅緻的設計與布置。」

尼克森夫人聽了，十分高興。事後，她說：「大多數來訪的大人物，要麼不加注意，要麼不屑向女主人道謝，而他總是想到別人。」

也許在別的大人物看來，尼克森夫人所布置的鮮花展臺，只不過是她身為一位總統夫人的分內之事，沒什麼值得稱道的。

而戴高樂將軍卻領悟到其中的苦心，並因此向尼克森夫人表示特別的肯定與感謝。從而也使尼克森夫人異常的感動。

每天，在我們身邊都發生著許許多多或大或小的事情，並不是每一件小事都值得讚美。從小事上讚美他人的一個重要要求，就是要善於發現小事所具有的重大意義。要堅信一個道理：「不積跬步，無以至千

里；不積小流，無以成江海」，一件小事，往往可以從中發掘出重大的意義來。

　　善於從小事上讚美別人，不僅可以給人意想不到的驚喜，而且可以讓你樹立一個細心體貼，善解人意的形象。因為在我們周圍，有許許多多雖然沒有做出什麼大事，卻默默無聞地為家庭、為社會貢獻自己力量的人。他們也需要他人的肯定與讚賞。

　　哪怕她只是一位整日圍著廚房打轉的家庭主婦，或是一位已經離開工作崗位的長輩，我們都不能忽視他們的存在。面對一位家庭主婦，你可以誇她的廚藝已經可和專業廚師媲美了；面對一位老人，你可以誇獎他為你們家付出很多很多。

對小人最好敬而遠之

　　君子就是那些為人坦蕩，不屑於勾心鬥角、緊盯蠅頭小利之人。而小人恰恰相反。生活在我們身邊的，無非兩種：君子和小人。

　　小人的眼睛牢牢地盯著周圍的大小利益，隨時準備占點便宜，為此甚至不惜一切代價，用各種手段來算計別人，真是讓人防不勝防。因此對付小人沒有一套辦法是不行的。

　　唐朝李林甫，他是唐玄宗手下常伴隨其身邊的一個奸臣，心胸極端狹窄，容不得別人得到唐玄宗的寵愛。唐玄宗有個喜好，他非常喜歡外表漂亮、一表人才、器宇軒昂的武將。

　　有一天，唐玄宗在李林甫的陪同下，正在花園裡散步，遠遠看見一個相貌堂堂、身材魁梧的武將走過去，便感嘆一句：「這位將軍真漂亮！」並隨口問身邊的李林甫那位將軍是誰，李林甫支吾著說不知道。此時他心裡很慌張，生怕唐玄宗喜歡上那位將軍。

　　事後，李林甫暗地派人把那位受到唐玄宗讚揚的將軍調到一個非常偏遠的地方，使他再也沒有機會接觸到唐玄宗，當然也就永遠喪失了升遷的機會。

　　從這裡也可以看出，小人的行為真是讓人莫名其妙。其心眼極小，為一點小榮辱都會不惜一切，做出損人利己的事來。所以防小人是我們必學的本領，即使我們不屑與小人為伍，也不得不提防，以減少不必要的麻煩。

　　唐朝天寶年間，爆發安史之亂。郭子儀率兵平安天下，立了大功，但他並不居功自傲，為防小人嫉妒，他特別小心。

　　一次，朝中有一個地位比自己低的官吏，要來拜訪郭子儀，郭子儀

事先做了周密安排，因家中侍女成群，他要所有侍女到時候都避開，不要露面。

　　郭子儀的夫人對此舉感到不理解，問丈夫為什麼這麼做？郭子儀告訴夫人，這個官吏是個十足的小人，身高不足五尺，相貌奇醜，很忌諱別人說他醜。郭子儀擔心家人見到這個人會發笑，因而要所有家人都躲起來。

　　郭子儀對這個官僚太了解了，在與他打交道時，非常小心謹慎。後來，這個小人當了宰相，極盡報復之能事，把所有以前得罪過他的人通通陷害掉，唯獨對郭子儀非常尊重，對他毫毛不犯。這件事充分反映了郭子儀對待小人的辦法，既周密又老練。

　　小人之刁鑽，幾乎無孔不入。有些小人竟也勇敢得很，不惜犧牲自己的生命、親人的生命，或「第二生命」，而與你周旋到底，正所謂捨命陪君子。

　　這時候，就算你再有理，也最好避開此等不要命的小人。小人固然厲害，但我們並不怕他，避開小人是因為我們不值得把太多精力浪費在一些沒有價值的爭鬥上。

　　一旦掌控不好自己的行為界限，得罪小人，他就會想方設法來陷害你，破壞你的正事，分散你的精力，使你無法安心工作、學習和生活。

　　小人不遺餘力地陷害別人，就是要避免別人勝過自己，謀求心理上的平衡。掌握了小人的這種心態，我們不妨投其所好，讓小人的心裡舒服一些，他們就會把眼光從我們身上收回，轉向別處了。

人際交往的謙讓技巧

　　某公司要應徵一名管理人員，要求大學畢業，有管理經驗。此時，一位女應徵者看到一個剛趕來的應試生，就讓他在自己前面先進行面試。很顯然，這位女應徵者的做法，無疑又讓自己增加了一個競爭對手，但是，在面試結束後，雖然這個女應徵者稍遜於那個應試生，但她被錄取了。

　　看似女應徵者的行為是道德的表現，其實，她的這種謙讓只是為了打破僵局，她是絕對不會違背自己的意願的。

　　雖然從表面上來看，這是愚蠢行為，但實際卻是一種明智之舉，特別是在博弈雙方都想成為贏家時。有時故意的謙讓也並非壞事，特別是在職場上。

　　有兩個大學生小李和小劉，畢業後同時分配到同一家公司上班，兩人的表現都很優秀。

　　年終快到時，公司決定要升一位科長，正好要升他們其中的一位，當然，小李和小劉都很想當科長，但這必須由上級決定。

　　經過考查，上級決定任命小劉擔任這個職務。但出乎意料的，在聽到這個消息後，小劉卻對上司說：「這個職務，小李比我更合適。」

　　於是，上司決定任命小李。在小李當科長後，對小劉比以前更熱情了，他知道他之所以能當上科長，全是小劉在上司面前的極力推薦。

　　從這次任命事件，上司對小劉的看法又更加提升了，上司覺得小劉這個人不但實在，還很謙遜，實在難得。

　　沒多久，公司的副總經理跳槽到另一家公司，上司自然想到了小劉。而小劉也很順利的當上副總經理，剛好是小李的上司。

　　其實，一開始並不是小劉不想當科長，他其實非常想當，但後面還有更大的利益在等著他。再者，如果他為了科長一職，與小李爭得你死我活，那結果肯定會讓雙方之間反目成仇。

　　如果他把職位讓給小李，不但展現兄弟之情，同學之誼，且上司對他的印象也會提升。因此，經過利益權衡，他最終選擇後者。

　　事實上，在強者和弱者博弈時，只能採取不同的策略，強者的表現來得更直接、更霸氣，弱的一方就得要迂迴，更加謙讓。當然，其最後的結果，還得取決於雙方的優勢策略。

　　戰國時期，晉文公即位以後，整頓內政，發展生產，把晉國治理得漸漸強盛。他也想像齊桓公那樣，做個中原霸主。

　　這時候，宋襄公的兒子宋成公來討救兵，說楚國派大將成得臣率領楚、陳、蔡、鄭、許五國兵馬攻打宋國。大臣們都說：「楚國老是欺負中原諸侯，主公要扶助有困難的國家，建立霸業，這可是時候啦！」

　　晉文公早就看出，要當上中原霸主，就得打敗楚國。他就擴充隊伍，建立三個軍，浩浩蕩蕩去救宋國。西元前 632 年，晉軍打下了歸附楚國的曹國和衛國，把兩國國君都俘虜了。

　　楚成王本來並不想與晉文公交戰，聽到晉國出兵，立刻派人下命令，叫成得臣退兵。可是成得臣認為宋國遲早可以拿下，不肯半途而廢。他派部將去對楚成王說：「我雖然不敢說一定打勝仗，也要拚一個死活。」

　　楚成王很不痛快，只派了少量兵力歸成得臣指揮。成得臣先派人通知晉軍，要他們釋放衛、曹兩國國君。晉文公卻暗地通知這兩國國君，答應恢復他們的君位，但是要他們先跟楚國斷交。曹、衛兩國真的照晉文公的意思做了。

　　成得臣本想救這兩個國家，不料他們倒先來跟楚國絕交。這一來，

成得臣立即下令，催動全軍趕到晉軍駐紮的地方。

楚軍一進軍，晉文公立刻命令往後撤。晉軍中有些將士想不開，說：「我們的統帥是國君，對方帶兵的是臣子，哪有國君讓臣子的道理？」

狐偃解釋：「打仗先要有理，理直氣就壯。當初楚王曾經幫過主公，主公在楚王面前答應過：『要是兩國交戰，晉國情願退避三舍。』今天後撤，就是為了實現這個諾言啊！要是我們對楚國失了信，那我們就理虧了。我們退了兵，如果他們還不罷休，步步進逼，那就是他們輸了理，我們再跟他們交手，也不遲。」

晉軍一口氣後撤了九十里，到了城濮，才停下來，布置好陣勢。楚國有些將軍見晉軍後撤，想停止進攻。可是成得臣卻不答應，一步盯一步地追到城濮，跟晉軍遙遙相對。

成得臣還派人向晉文公下戰書，措詞十分傲慢。晉文公也派人回答：「貴國的恩惠，我們從來都不敢忘記，所以退讓到這裡。現在既然你們不肯諒解，那只好在戰場上比個高低。」

大戰展開了，才一交手，晉國的將軍用兩面大旗，指揮軍隊向後敗退。他們還在戰車後面拖著伐下的樹枝，戰車後退時，地下揚起一陣陣的塵土，顯出十分慌亂的模樣。

成得臣一向驕傲自大，不把晉人放在眼裡。他不顧前後地直追上去，正中了晉軍的埋伏。晉軍的中軍精銳，猛衝過來，把成得臣的軍隊攔腰切斷。原來假裝敗退的晉軍，又回過頭來，前後夾擊，把楚軍殺得七零八落。

晉文公連忙下令，吩咐將士們只要把楚軍趕跑就好了，不再追殺。成得臣帶了敗兵殘將回到半路上，覺得無法向楚成王交代，就自殺了。晉軍占領了楚國營地，把楚軍遺留下來的糧食吃了三天，才凱旋回國。

晉國打敗楚國的消息傳到周都雒邑，周襄王和大臣都認為晉文公立

了大功。周襄王還親自到踐土慰勞晉軍。晉文公趁此機會，在踐土幫天子造了一座新宮，還約了各國諸侯開個大會，訂立盟約。這樣，晉文公就當上了中原的霸主。

這就是歷史上有名的晉文公「退避三舍」的故事。這場爭戰與其說是晉文公主動讓步，對楚軍進行謙讓，不如說是一場戰鬥策略。

這種策略，一方面使晉軍在戰術更穩定，另一方面透過這種讓步，也展現晉國的仁至義盡，使楚軍不再有攻擊晉國的藉口，這種以退為進的謙讓，不但使晉國贏得戰爭，且在道義上又不失誠信。成就霸業也就是很自然的了。

漢代公孫弘年輕時家貧，後來貴為丞相，但生活依然十分儉樸，吃飯只有一個葷菜，睡覺只蓋普通棉被。

就因為這樣，大臣汲黯向漢武帝批評公孫弘位列三公，有相當可觀的俸祿，卻只蓋普通棉被，實質上是使詐以沽名釣譽，目的是為了騙取儉樸清廉的美名。

漢武帝便問公孫弘：「汲黯所說的，都是事實嗎？」公孫弘回答道：「汲黯說得一點也沒錯。滿朝大臣中，他與我交情最好，也最了解我。今天他當著眾人的面指責我，正是切中了我的要害。我位列三公而只蓋普通棉被，生活水準和普通百姓一樣，確實是故意裝得清廉以沽名釣譽。如果不是汲黯忠心耿耿，陛下怎麼會聽到對我的這種批評呢？」

漢武帝聽了這番話，反倒覺得他為人謙讓，就更加尊重他了。

對生活中的博弈，其實就是謀略的較量，公孫弘面對汲黯的指責和漢武帝的詢問，一句也不辯解，並全都承認，而這在博弈論看來，絕對是最高明的策略。

其一，面對汲黯的指責，「使詐以沽名釣譽」，如果他去辯解，無疑是越抹越黑，因為這樣更讓旁觀者認為他也許是在繼續「使詐」。

公孫弘深知這個指責的分量，所以，他採取十分高明的一招，不作任何辯解，承認自己沽名釣譽。這其實展現自己至少「現在沒有使詐」。

由於「現在沒有使詐」被指責者及旁觀者認可了，也就減輕了罪名的分量。

其二，面對指責自己的人還大加讚揚，這便給皇帝及同僚們一個這樣的印象，即公孫弘確實是「宰相肚裡能撐船」。

既然眾人有了這樣的心態，那麼公孫弘就用不著去辯解沽名釣譽了，因為這不是什麼政治野心，對皇帝構不成威脅，對同僚構不成傷害，這種以退為進，以謙讓作為「回報」對手的利器，也確實是一種對付的極好策略。

在現實中，這種適時謙讓的博弈策略，也同樣被人們所使用。著名的美國波音公司在進行產品推銷時，就是懂得運用謙讓策略的其中之一。

1985 年 6 月下旬至 8 月下旬，兩個月內，世界連續發生了三次波音公司飛機空難事件。一系列空難事件使波音公司受到打擊，華爾街波音公司的股價嚴重下挫。

這 3 次空難事件，以發生在日本的事件最讓波音公司如坐針氈，手忙腳亂。因為波音公司正在與西歐「空中巴士」公司爭奪日本全日空的一筆大生意，由於雙方飛機性能在先進性和可行性方面差異不大，以致全日空在挑選訂貨對象時猶豫不決。可正當此關鍵時刻，波音公司卻接連出現空難事故，在一般人看來，波音公司在這次商戰中是輸定了。

從博弈雙方來看，這種局面對波音公司來說是極為不利的。首先，在這次爭奪事件中，波音公司已經失去先機，再者，接二連三的空難事件，無疑是雪上加霜。

面對這種不利局面，很顯然對波音公司來說，最優策略就是暫時退讓，以退為進，來緩解當時對其不利的局面，而波音公司又是如何採取

措施的呢？

　　首先，為了解除買方的戒心，波音公司除了繼續推行「貨真價實」的推銷戰術外，還採用了「全方位進攻」的策略，提出財務方面的便利，零配件的供應，飛機的保養以及機組人員培訓……等多種優惠條件，以引起買方的興趣。

　　此外，早些時候，波音公司為了奪得日本市場，曾選擇三菱、川崎和富士 3 家日本著名重工業公司，合作製造波音 767 機身部分。空難事件後，波音公司把「誘餌」加的更大了，它一邊向合作廠商提供價值 5 億美元的製造訂單，一邊主動提出願意與日本人合作，建造一種 150 人座的 767 型客機，與「空中巴士」公司的 A － 302 型客機相抗衡。

　　波音公司的這一系列讓步和優惠措施，一下子獲得日本企業家的好感。最終波音公司戰勝了西歐對手，在空難事件 5 個月後，與全日空正式簽訂成交合約。

　　從博弈結果來看，最終波音公司獲得了勝利。事實上，在博弈的過程中，當各方條件處於對自己不利的情況時，在一些能引起對方興趣的項目上，給對方利益的誘惑，並適當的讓步，同樣是獲取利益的最佳策略。

不要在別人身後說壞話

　　不講非議之言，是不宜忽視的黑白戒律。這裡所說的非議之言，是指那些在閒談之中無由地責備他人的語言。特別是關於他人私生活的話題，說起來眉飛色舞，唾液橫流，興趣之濃，興致之高，令人嘆為觀止。

　　這種人大都不是壞人，只是心理不太正常，有種「窺視癖」，只要是別人的隱私，不論與他是否有關，一律都感興趣、有興致。聊天時，也沒打算得到什麼，說完也不負責任，只是一種莫名的心理滿足，痛快痛快。

　　其實，背後議論他人的私事，毫無根據地說長道短，是很糟糕的特質。在某些國家，這叫侵犯他人隱私權，是會被處罰的。古人說：「隔牆有耳」。背後議論別人，早晚有傳到人耳的一天，不僅傷害感情、影響團結，甚至還會害死人。

　　某工廠有一對好朋友，其中一位特別喜歡背後議論他人。有一天，她看到好友的丈夫與一女子同行，也不問個清楚，就在背後說三道四。

　　此話三傳兩傳，傳到好友耳裡，好友開始猜疑丈夫。於是家中戰火四起，氣得丈夫動用武力，氣得妻子服毒自殺，當最後人們弄清悲劇始末時，都對這個背後搬弄是非的人怒目而視。

　　誰說舌頭不殺人？人言可畏，千萬要管好自己的舌頭，別讓它成為殺人的利刃。當你有了這樣的缺陷，必將成為眾矢之的！你善於指責別人，那麼所有的人都會反過來指責你。

　　你對著張三指責李四，對著李四指責張三，必然有一天，張三和李四會聯合起來指責你。你除了指責他人這個無益又有害的「長處」外，將變得一無所能。

　　如果你好搬弄是非，背著人或當著面動輒斥人，那麼，你將引發周圍的不團結現象。你的主要精力、大部分時間，都將耗在極其無聊的人事糾紛中，你的情緒將成天到晚、成年累月為這些無止盡的人事糾紛而煩惱。你哪還有精力和心思忙工作呢？

　　這種不良的缺陷，基於兩種錯誤的心態：幸災樂禍，和炫耀自己的心態。你只喜歡看到或聽到別人的缺陷、失敗或災禍，而不喜歡別人的優勢和成功。

　　於是你只揀別人的缺陷而津津樂道，閉口不談別人的長處和成功。責怪別人不是的時候，你就有一種心理上的快樂和興奮。你錯誤地以為你可以透過貶責他人，造成間接抬高自己的效果。你指責他人的某一點不是，似乎你在這點上是高明的。

　　要知道，這兩種心態都是卑賤而愚蠢的小人之心。你對別人幸災樂禍，人家將會對你怎樣？你真能透過貶低別人抬高自己嗎？即使一時達到了你的目的，人家不也可以照你的方法，把你打倒嗎？

　　不要以誹謗他人而知名。所有人都會向你尋求報復的，由於你孤立無援，而對方人多勢眾，很容易被踩到腳下。不要幸災樂禍，不要搬弄是非，以免成為笑料，因為說人壞話的人，會聽到別人說他更不堪入耳的話。

巧妙處理與上司的關係

　　說話不多，舉止安順；高興時不會大笑，不會手舞足蹈；悲痛時不會大哭，不會逢人訴說；認為對的，不會拍手稱許，不會熱烈表示贊成；他的舉止，始終保持常態。這是頭腦冷靜的人。

　　如果遇到冷靜的上司，那麼對於一切工作計畫，你只需要提供意見，不要自作主張。等到計畫決定後，你只要負責執行便可。至於執行的經過，必須有詳細記載，即使是極細微的地方，也不能稍有疏忽。這種一絲不苟的精神，詳細記載的報告，正是他所喜歡的。

　　但執行中所遇到的困難，你最好要自行解決，不必請求。隨機應變原非他之所長，最好事後用口頭報告，告知當時如何應付，他就會很高興。但要注意的是，即使事後報告，也要力求避免誇張，雖然當時的確十分難辦，也要以平靜的口氣，加以輕描淡寫為好。如此反而更可表現你的應變本領。

　　與懦弱的上司打交道，要當心他身邊的實權人物。懦弱的人，不會當領袖，即使當領袖，大權也必不在手中，自有能者在代為指揮。你必須知道代為指揮的人是什麼性情，再圖應對的方法。

　　一個機關的重心，不是名位，而是權力，權力才是重心的所在。雖然說，名不正則言不順，名位與重心，往往合而為一。然而，對怯弱的領導者來說，名位是名位，重心是重心，絕不會合在一起。

　　代為指揮者，若是正人君子，懦弱的領導者還可保持形式上的尊嚴；如果代為指揮的人，懷有野心、政由己出，領導者只是個傀儡而已。在這種處境下，你必須能與代為指揮者爭相抗衡。否則，必遭失敗。你也不能與代為指揮者分離，若隨意分離，必難有所發展。

第五章　人際交往的圓融策略

　　你要明白，他既然獲得代為指揮的地位，在他的前後左右，都有他的羽翼，有些是他特為安排的，有些則是中途依附的，這些人早已布成勢力圖。在這種情況下，除非他的野心暴露，導致人心思漢，你才能有所作為。

　　如果遇到熱情的上司，他對你表示好感時，不要完全相信，以為相見恨晚。必須明白他的熱情並不會持久，要保持受寵不驚的常態，採取不即不離的方式。

　　「不即」可使他熱情上升的走勢和緩，不致在短時間內便達到頂點，同時延長了彼此親熱的時間；「不離」可使他不感失望。「君子之交淡如水」，對熱情的上司，最好就是用這種方法。

　　如果你有所主張或建議，也要用「零售」的方式，不要「整批發售」，如此才能讓他對你時時都感到新鮮。對他所提的辦法，你認為是對的，趕快去做，否則「夜長夢多」，過了時候，他可能會反悔；你認為不對的，不必當面爭辯，只要口頭接受，手中不動，過段時間他自知不妥，就不會再提起了。

　　總之，對熱情的上司，只能用急脈緩受的方法。萬一他情緒低落，你就安之若素，靜待適當機會，再促其感情回升。他的感情就像是時鐘的擺，擺過去，還會再擺回來的。除非你們之間發生誤會，彼此多了一重障礙，才不會再擺回來。

　　如果你遇到的是豪爽的上司，那真是值得慶幸。只要善用你的能力，表現出過人的工作成績，絕對不擔心沒有發展的機會。他自己長於才氣，所以最愛有才氣的人。唯英雄能識英雄，你是英雄，不怕他不賞識你；唯英雄能用英雄，你是英雄，也不怕他不提拔你。

　　你在機會未到時，仍很愉快地工作，並做得又快又好，這表示你游刃有餘的能力。同時還要留心機會，一旦發現可以異軍突起的機會時，

就要好好把握。切記所計劃的一切，要十分周詳，然後伺機提出，只要一經採用，便可脫穎而出。

意見被採用，表示你有眼力，若再委託你來執行，更足以說明你的能力已被肯定。你的發展既然已有了好的開端，道路也已摸清，那麼只要一步一步地走上去，遲早會出人頭地，不必操之過急。

傲慢的人，多半有足以傲慢的條件。失去了這個條件，傲慢的，也會一反從前之所為；擁有了這個條件，謙遜的，也會改變其常態。可見傲慢是後天的，不是先天的，是環境造成的。足以改變一個人個性的環境，一是挾富，一是挾貴。

你的上司若是個傲慢人物，與其向他取寵諂媚，自汙人格，不如謹守崗位，落落寡合。這樣，他人雖然傲慢，但為自己的事業考量，也不能只顧那些勢利的小人，完全擯斥求功的君子。一有機會，你就該表現出你獨特的本領，只要你是個人才，不愁他不對你另眼相看。

陰險的人，城府極深，對不如意的事，好施報復；對不如意的人，會設法鏟除。由疑生忌，由恨生狠，輕拳還重拳，且先下手為強，寧可打錯好人，也不肯放過壞人，抱著與其人負我，不如我負人的觀念。不疑則已，疑則莫解。其人喜怒不形於色，怒之極，反有喜悅的假相，使你無法防範。

總之，陰險的人，絕不會採用直接報復的方法，而總是使用計謀。如果你的上司，不幸就是這種人，你只能如臨深淵，如履薄冰，兢兢業業，一切唯上司馬首是瞻，賣盡你的力，隱藏你的智。

賣力是得其歡心，隱藏容易使他輕視你，輕視你自不會防你，輕視你自不會忌你。如此一來，或許倒可以相安無事。像這種地方，原就不是久居之所，如果希望有所表現，勸你還是從速遠走高飛。

得到上司重用的祕訣

人非聖賢，所以也就不可能不受慾望的誘惑。只是不同的人，對誘惑的抵抗力不同罷了。面對上司，如果能厚著臉皮、攻破他的心靈缺口，你就會為自己前進的道路，開闢一條坦途。

清心寡慾的人對誘惑的抵抗力稍強一些；慾望多且慾望強的人，對誘惑的抵抗力稍弱一些。不管哪種人，都會受到外界各種誘惑的影響，只是程度不同罷了。

人類慾望的種類很多，如：食慾、貪慾、色慾……等。不同的人，對不同的慾望有著不同的要求，有些人強烈渴求的東西，不一定也是別人強烈渴求的，每個人都有自己的慾望偏好。

這個慾望偏好，也就構成了他的心靈缺口，心靈缺口是最容易被攻破的壁壘。只要能抓住一個人的心靈缺口，就能找到打動這個人的辦法，使其為己所用。

面子與心靈缺口是有緊密關聯的。當我們知道一個人的心靈缺口時，就表示我們知道了他的慾望所在。如果我們能滿足他的慾望，那就是給了他面子；如果我們能滿足他最強烈的慾望，那就是給了他最大的面子。

因此，當我們要給別人面子時，就要先了解別人最強烈的慾望，即了解別人最在乎什麼，一旦滿足別人最在乎的地方，收到的效果往往會出奇的好。

某市局長是從外地某副局長崗位調派上任的，因為還沒有正式任命，故其局長前還有個「代」字。這位代理局長一心想在這個新環境中創造好印象，讓這裡的民眾覺得他做得不錯，且才能非凡。

　　於是，他找來兩名心腹為他出主意。這兩名心腹說：「為官訣竅，局長您本應該清楚。俗話說，新官上任三把火。第一把火必須在前任身上，即找出本局前任遺留下的問題，砍他一斧頭；其二是立新規，要把過去政府裡的一些制度作改變，讓大家照您的要求來運作；三是建一個形象工程，並大張旗鼓地宣傳，這種工程又好看又能得實惠。」

　　局長聽了，為難地搖了搖頭，說：「這些我確實都考量過。第一，前任局長是我的親戚，我本是他拉上來的，他的缺點我還要為他掩蓋，怎能去找他的麻煩；第二，制度更改，這倒是可以考量幾條，但改來改去，也沒有什麼新鮮玩意，一時很難奏效；第三，現在這裡經濟拮据，就連公務員的薪水都快無法按時發放，你叫我怎麼去弄大工程？」

　　這兩個心腹見這三條祕訣一一被否定，真是一籌莫展，再想不出好主意。

　　沒想到此事被本局屬下一名科長知道了，他正愁找不到靠山，這可是個好機會。於是他獻策道：「現在樹立您好形象的最好方法，是讓大家都了解您的才華和能力，這樣人們必然會對您產生好印象，並進而對您樹立起信心。」

　　代理局長問：「我要怎麼做才能讓民眾相信我有才華和能力呢？」

　　科長說：「這個您交給我辦就是了。我有個教授朋友，只要我打個招呼，請他找幾個博士研究生，為您寫個十幾萬字的論文，發表在報刊上，一個月之內絕對搞定；另外，我還有兩個當記者的同學，請他們為您在原任的政績，特別是您在反腐倡廉方面的表現，寫一、兩篇報導，這個全部可以在短時間內生效。」

　　代理局長聽了，非常開心，於是笑著說：「你這算不算是向我行賄呢？」

　　科長也笑著搖搖頭：「不算不算，這種事，與經濟掛不上鉤。再說，

論文到時候也要您過目，只要您提點修改建議，這裡面便有您的創意；至於您過去的政績，那是有目共睹的，誰會否認事實？至於筆法上誇張些，細節上稍有出入，也不過是記者調查的不夠全面，觀點稍有偏頗罷了，那也是情有可原的。」

代理局長聽了，終於高興地握住這位下屬官員的手說：「好，好，從今天起，我們就算老朋友了。」

科長受寵若驚地說：「今後還要多靠您栽培了。」

了解別人最在乎什麼，並把他最在乎的東西提供給他，這會使他產生一種極大的滿足感。同時，他也會感到自己臉上極有光彩。

一個人在一段時間內，對一個東西可能很在乎，這時，只要你提供給他這件東西，他會對你無比感激與賞識。且這種效果要遠遠比你提供給他許多別的東西要好。

辛亥革命後，袁世凱竊取革命果實，當上了大總統。但是他意猶未盡，在其外國顧問朱邇典（Sir John Newell Jordan）的慫恿下，做起當皇帝的美夢。滿腦子封建迷信思想的袁世凱，整日為自己是不是「真龍天子」而心煩意亂，坐臥不寧。

一天中午，天氣異常悶熱，袁世凱迷迷糊糊進入夢鄉，朦朧中感到有些口渴，於是便喊了聲「倒茶來」！

侍女聽見他說要茶，趕緊將茶端來，不料袁世凱翻了個身，又呼呼大睡起來，侍女不敢叫醒他，轉身退下；可不知怎麼的，將茶杯摔碎在地上，這個茶杯是袁世凱的心愛之物，平時常常把玩在手。

侍女知道闖了大禍，心中非常害怕，慌慌張張跑去，找她在府裡的情夫。她的情夫外號小謀士，這個人非常了解袁世凱的稱帝心理，經過一番思考後，他給侍女出了一個主意，並保證萬無一失。

袁世凱一覺醒來後，得知心愛的寶杯被摔碎了，不禁大怒，叫人傳

侍女來見。侍女雖然得到小謀士的妙計，但心理沒有把握，仍不免害怕。

她戰戰兢兢地跪在地上說：「奴婢聽聞大總統要茶，忙將茶送上，誰知進屋一看，著實把奴婢嚇了一跳，只見大床上臥著一條大龍，故而失手打壞了寶杯。奴婢該死，奴婢罪該萬死，希望得到大總統的處罰。」

袁世凱聽了這番話後，本來一肚子的怨氣頓時煙消雲散，喜悅之情油然而生，他滿臉笑容，揮揮手要侍女退下，沒有給她任何處罰。

侍女之所以能打壞袁世凱的寶杯而不受罰，就是因為她聽從了小謀士的計策，抓住袁世凱妄圖稱帝的野心，進而投其所好，使自己擺脫困境，沒有受到袁世凱的處罰。

從這個故事可以看出，提供一個人最在乎的東西，是多麼有效，這種效果是提供給他更多其他東西，所遠遠不能比擬的。了解他最在乎什麼，是給他面子的一個極其重要的方式，想好好利用這個方式，需要注意：

首先，要確實了解他人最在乎的東西是什麼，這是你能利用這點，給他人面子的前提和基礎。

其次，在了解他人最在乎什麼之後，要透過適當的途徑和方式，將這種東西提供給他，如果途徑和方式使用不當，也會影響最終的效果。

在你給他人面子時，找到他人最在乎的東西，並厚著臉皮以適當的途徑和方式提供給他，往往會讓他感到一種超乎尋常的滿足，他們會覺得贏得莫大的面子，因為他對你提供的東西滿意，所以你也就能從中獲得極大的好處，達成自己原來的目的，為自己贏得更大的面子。

不要自以為高人一等

人生在世，犯錯在所難免，有些錯誤是在無知中產生的，還有些錯誤是因驕傲自大引發的。被勝利沖昏頭，評判事物的標準就會失衡。所以，即便是獲得一定成就的人，也不應該自鳴得意或沾沾自喜，以為自己比別人聰明多少。

不論是意外的幸運，還是經過長期奮鬥終於獲得成功，心中充滿巨大的快樂，以致一時間欣喜若狂，都是可以理解的。因為，人生還有什麼比成功更值得高興的事情呢？

但是，如果一個人因一次成功，從此就一直這麼欣喜若狂、自以為高人一等，到處炫耀自誇，總表現出一種優勝者的姿態，得意忘形、驕傲自滿，人們雖不至於說他是瘋子，但卻會遠離他，甚至厭惡他。

如果只是有一種優勝者自我良好的感覺，且能以此感覺排除困難，奮勇前進，這當然是一種好的心理狀態，在這種心理狀態下，他可能會不斷地獲得新成功。

事實上，許多人很難把自己的感覺控制在這個境界。大部分處於勝利的喜悅和得意的人，很容易就產生自以為了不起的情緒，不知道天外有天，人外有人。

自以為高人一等的人，大多無法正確地看待自己，且很容易被自己頭上的那道光環迷住雙眼，看不清真實的自我。

伴隨歲月無聲的流逝，你自以為已經走了很遠的路，當清醒過來時，你才發現，自己還停留在當初的位置，甚至還可能在走回頭路。也許直到那時候，你才會發現，周圍的世界已經變得面目全非。

山頂上已是旌旗瀾漫，你卻仍然坐在山腳下的池塘邊，顧影自憐。

那個時候，你會發現自己頭頂上的光環早已不在，你能做的，只有爬起來，走那條你早就該走的路，而不是停留在此，一次一次地重複自己。

當你狂妄自得時，你可以摸一摸自己的頭頂，是哪一道光環迷住了你的心眼。及早把它扔掉，你會輕鬆許多。古人云：「天行健，君子以自強不息。」

我們所感覺到的、那無邊無際的天體，它也是在永恆地流轉不息，旋轉前進。我們與萬事萬物一道，都存在於這個流轉不息的天地之間。大凡有志之士，要修成德行、學問、事業、功名，也應效法天道，永無止息地努力前進。

自以為了不起，是對自己錯誤的認知。我們本該不斷地創新自我，擁抱更美麗、更優秀的自我，可是自鳴得意的人，往往捨不得放棄那個面目已朽、風韻已衰的自我。

生活在時空之中，時間不可能凝固，更不可能倒轉。過去的一切都已經過去，輝煌也屬於過去，對我們的生命實際上不可能構成新的意義。

現在是一個不斷成為過去，不斷迎接未來的時刻。所以，會不斷地對生命構成新意義的，唯有未來。未來的一切可能性都存在於我們的生命運動之中。只有面向未來的生命，才可能大放光彩。

我們只有真實地了解自己，才能使自己有別於他人，從而實現自我，超越自我，而不是使今天的自我混同或抄襲昨天的自我。面向未來，才能實現對自我的超越。浮士德說過：「我永遠不能滿足自己。」這就是對自我的否定和超越。

海德格的超越理論對我們也有一定的啟迪價值。他極力宣揚「親在」，即「人生在世」、「在世界之中」的前提下，對自我必然被超越、自我如何被超越，做出深刻的思辨，並概括了超越的三條途徑，即超越世界、超越他人、超越現實。

第五章　人際交往的圓融策略

　　如果我們能把自我放在這個不斷被拷問、不斷被超越的境地，我們就會迎來「一個比一個更美麗動人的自我」，我們的生命也會呈現為一種全新的狀態。這樣，一切自鳴得意、驕傲自滿和自以為高人一等的情緒，就會煙消雲散，最後在謙遜中找回自己的座標。

自我保護的低調法則

　　每個人都有自己的時運，應該對此心中有數，不宜濫用陰謀，以免弄巧成拙。冷靜、清醒的頭腦，是大家所推崇的素養。耐心等待自己時來運轉，不可輕舉妄動。

　　待人處世非有城府不足以立世，含蓄來自於自我控制的黑白轉化之功。能夠像冰山一樣只露出一角，讓人摸不透你的心思，但你會自保無虞，且具有強大的震懾力。要做之事莫講出，說出的話莫照做，讓人無法掌握、透視你的深淺，此為黑白不倒翁之法寶。

　　聰明人如果想得到別人的尊敬，就不應該讓別人看出他有多大的智慧和勇氣。讓別人知道你，但不要讓他們了解你；沒有人看得出你天才的極限，也就沒有人會感到失望。

　　讓別人猜測你，甚至懷疑你，要比嶄露自己的才能，更能獲得崇拜。你要不斷地培養他人對你的期望，不要一開始就展現你的全部。

　　隱瞞你的力量、知識的訣竅，是要胸有城府、受辱而不驚。也就是說，當別人侮辱我時，能夠克制情緒，不馬上覺得自己丟臉、沒面子，而因此火冒三丈、惱羞成怒，抱著一種「人不犯我，我不犯人；人若犯我，我必犯人」的心理，大打出手，破口大罵，非要把面子爭回來不可。在這種情況下，應該先心平氣和地接受這個事實。至於以後如何，等等再說。

　　巴頓（George Smith Patton）是負面教材，他愛放大炮、毫無城府，不但讓上司頗為難堪，而且自己也失去不少人緣，被同事們稱為「和平時期的戰爭販子」。

　　1925 年，巴頓到夏威夷的斯科菲爾德軍營擔任師部的一級參謀。一

年後，他被升為三級參謀。巴頓的工作主要是負責對戰術問題和部隊的訓練提出建議，並進行檢查，但他經常越權行事。

1926 年 11 月中旬，他觀看了第二十二旅的演習，對這次演習非常不滿。他直接向旅指揮官遞交了一份措辭激烈的意見書。他的這種做法，是紀律所不允許的，因為他只是一名少校，無權指責一名準將指揮官。這樣一來，他便招致上司的非議和怨恨。

但巴頓並未汲取教訓。1927 年 3 月，在觀看了一場營級戰術演習後，他又一次大發雷霆，指責營指揮官和其他人員訓練不夠，準備不足，沒有達到預定的目標。

雖然這次他很明智地請師司令部副官代替師長簽名，但其他軍官心裡很清楚，這又是巴頓搞的鬼，所以聯合起來一致聲討巴頓。眾怒難犯，師長沒有辦法，只好把這位愛放大炮的參謀，從三級參謀的位置上撤下來，降到二級。

一個人即使是天才，若不懂收斂，也是很難立足的，且會招致難料的厄運。嶄露鋒芒是正常的，但應認清形勢，把自己的位置擺正，才能做到自我保護。心直口快有時往往陷己於不利之地。

人際交往的成全法則

隱藏自己的優點，暴露自己的缺點，成全別人的好勝心，會讓別人更加喜歡你，獲得良好的人際關係。這點很容易實現，只要偶爾暴露一些無關緊要的小毛病就可以了。

學生對一位新來的老師感到好奇和畏懼。因此，這位老師故意在課堂上說：「我的字寫得不好看，板書更差，小學時我的書法都不及格，因此我特別害怕在黑板上寫字。」以此博得學生一笑，為的是很快縮短師生之間的距離。

有時，他也會說：「如何，我的領帶漂亮嗎？」學生就會暗暗在心裡想：「這老師真有趣，竟注意一些小事，可見老師也是凡人。」學生的心情一下子放鬆了，便產生了親切感，此後這位老師的教學也變得很順利。

同樣的，在人前演講，在麥克風前打噴嚏，站不穩，故意表演些小失誤，都能緩和原來緊張的氣氛，聽眾們對有頭銜的大教授都有戒備心，但是看到小失誤後，心裡便會想：「同樣都是人，難免做出些不雅的事。」於是一種親切感就自然產生了。

與有自卑感和戒備心強的人初見面時的會談是很困難的，尤其是在社會地位有差距時，對方在居下的位置上，心中會有膽怯感。此時對方心裡會自然築起一堵防禦牆，先讓對方樹立「自己不比別人差」的觀念，這一點很重要。

華盛頓特區有一位名演員，他是出名的花花公子，一位曾經被他追求過的女性回憶道：「若是他觸動了我的『母性』本能，我就凡心大動。他往往會說：『我真笨，連襯衫都穿不好。』」這位男演員就是利用母性本能，博得女人歡心的。

第五章　人際交往的圓融策略

　　人人都有自尊心，人人都有好勝心。若要聯絡感情，應處處重視對方的自尊心，因為要重視對方的自尊心，必須隱藏你自己的好勝心，成全對方的好勝心，這樣表面上對方勝利了，實際上卻是你獲勝。

　　比如對方與你有相同性質的某種特長，他與你比賽，你必須讓他一步，即使對方的技術敵不過你，你也得讓對方獲勝。但是一味退讓，便表現不出你的真實本領，也許會使對方誤認你的技術不太高明，反而引起無足輕重的心理。

　　所以與他比賽時，應該施展你的相當本領，先造成一個均勢之局，讓對方知道你不是弱者，進一步再施小技，把他逼得很緊，使他神情緊張，才知道你是個能手，再一步，故意留個破綻，讓他突圍而出，從劣勢轉為均勢，再從均勢轉為優勢，結果把最後的勝利讓給對方。

　　對方得到這個勝利，不但費了許多心力，且危而復安，精神一定十分愉快，對你也有敬佩之心。

　　不過安排破綻，必須十分自然，千萬不要讓對方看出你是故意讓他，否則便會覺得你虛偽。所面臨的難題是，起初你還能以理智自持，比賽到後來，感情一時衝動，好勝心勃發，不肯再作讓步，也是常有的事。

　　或者在有意無意之間，無論在神情上，語氣上，舉止上，不免流露出故意讓步的意思，那你之前做的努力就通通白費了。

　　隱藏自己的優點，暴露自己的缺點，讓人覺得：哦！原來他身上也有這麼多的小問題啊！讓別人在你身上找到共同點，如果能讓別人小勝一籌，就再好不過了。這樣你們之間的距離感一下子就沒有了。如果你能讓他完全戰勝你，那此時的他，無疑已視你為知己了。

裝瘋賣傻巧妙處世

「裝傻」一直以來都是很受推崇的處世智慧，心裡明白、故意裝傻，並非真的是傻瓜，而是大智若愚。做人最忌諱的一點，就是恃才自傲，不知饒人。鋒芒太露很容易遭人嫉恨，更容易樹敵。

功高震主只會招致殺身之禍。所以，從博弈的角度來分析，在處世的過程中，要懂得適時的「裝傻」，特別是在和上司來往的過程中，不要顯露自己的高明，更不要糾正對方的錯誤。

在待人處世中，裝傻可以為人遮羞，自找臺階；可以故作不知，達成幽默，反脣相譏；也可以迷惑對手。在政治的風雲變幻之中，危險隨時會出現，而這個時候，想逃避危難、保全自身，通常會透過裝傻來逃過劫難。

中國古代著名的軍事大師孫臏，他就在遭到龐涓的暗算後，身陷絕境之中。然而孫臏不向惡勢力妥協，他決定佯狂詐瘋，以此來降低龐涓的警惕之心，然後再趁機逃脫之計。

某天，龐涓派人送晚餐給孫臏吃，只見孫臏正準備拿筷子時，忽然昏厥，一會又嘔吐起來，接著發怒，張大眼睛亂叫不止。龐涓接到報告後，親自來查看，只見孫臏痰涎滿面，伏在地上大笑不止。

過了一會，又嚎啕大哭，龐涓非常狡猾，為了考察孫臏瘋癲的真假，命令左右將他拖到豬圈中。孫臏披髮覆面，就勢倒臥豬糞汙水裡。

從那以後，龐涓雖然半信半疑，但他對孫臏的看管，比以前大大鬆懈。且孫臏還終日狂言誕語，一會哭、一會笑，白天混跡於市井，晚上仍然回到豬圈之中。

過了一段日子，龐涓便相信孫臏是真的瘋了，於是對孫臏就不再保

有警惕。因此，使孫臏得以逃出魏國。

不管是裝傻者，還是真傻者，在關鍵時刻的關鍵時分，他們的眼睛都會在瞬間雪亮起來，這也是博弈論的核心之處，保全自己的利益才是最關鍵的。

明朝在剛建立起來時，朱元璋為了能夠保住江山，就對朝廷和地方官僚好貪舞弊、嚴重損害皇朝利益的行為，進行無情的打擊，重刑懲治。而且他在位的野蠻和殘酷程度，超過歷史上任何一位帝王。

為了免遭殺戮，有的官僚不得已裝瘋賣傻，以逃避懲治。御史袁凱有一次惹怒朱元璋，怕被殺頭，便假裝瘋癲。朱元璋說瘋子是不怕痛的，叫人拿木鑽刺他的皮膚，袁凱咬牙不吭。

回家後，自己用鐵鍊鎖住脖子，蓬頭垢面，滿嘴瘋話。朱元璋還是不相信，就派人去探察。袁凱瞪著眼，對來人唱〈月兒高〉的曲子，爬在籬笆邊吃狗屎。

朱元璋聽了使者的回報後，才不再進行追究。而事實上，朱元璋是受騙了。袁凱知道皇帝不相信自己瘋了，肯定會派人來偵查，於是預先叫人用炒麵粉拌糖稀，捏成狗屎狀，散在籬笆下。

當來人一到，他便大口大口地吃，這樣才救了他一條命。雖然「裝傻」是很辛苦和不容易的，但是到了危及生存的時刻，它還是一種很有效的生存技巧。

「假痴不癲」這個詞的意思不是偽裝，就像有裝聾作啞，痴痴呆呆的意思，但是在他的內心，卻非常清醒。這是一種很高的謀略，因為它能夠確實地保全利益。

用於政治謀略，就是韜晦之術，在形勢對自己不利時，表面上裝瘋賣傻，給人碌碌無為的印象，而實際上卻隱藏自己的才能，掩蓋內心的政治抱負，以免引起政敵的警覺，專一等待時機，實現自己的抱負。

在三國時期，曹操與劉備青梅煮酒論英雄這段故事，就是個典型的例證。劉備早已有奪取天下的抱負，只是當時力量太弱，根本無法與曹操抗衡，而且還處在曹操控制之下。

劉備裝作每天只是飲酒種菜，不問世事。一日曹操請他喝酒，席上曹操問劉備誰是天下英雄，劉備列了幾個名字，都被曹操否定。忽然，曹操說道：「天下的英雄，只有我和你兩個人！」

一句話說得劉備驚慌失措，深怕曹操了解自己的政治抱負，嚇得手中的筷子掉在地上。幸好此時一陣陣炸雷，劉備急忙遮掩，說自己是被雷聲嚇到，掉了筷子。

曹操見狀，大笑不止，認為劉備連打雷都害怕，成不了大事，於是就對劉備放鬆警覺。後來劉備擺脫曹操的控制後，終於在歷史上幹出了一番事業。

一個有才華的人，要做到不露鋒芒，才能更有效地保護自我，同樣又要能充分發揮自己的才能。所以在與人相處時，不僅僅要說服、戰勝盲目驕傲自大的病態心理，凡事不要太張狂、太咄咄逼人，更要養成謙虛讓人的美德。

所謂「花要半開，酒要半醉」，凡是鮮花盛開、嬌豔的時候，不是立即被人採摘而去，就是衰敗的開始。人生也是這樣。當你志得意滿時，不可趾高氣揚，目空一切，不可一世，這樣你不被別人當靶子打才怪呢！

得意忘形會讓人倒楣

「滿意」和「得意」這兩個詞，都表示人們對外事外物一種愉悅的肯定態度，但兩者有程度上的差別。如同一杯水，只要還在杯子裡，多滿都可以，一旦流出來，結果就不同了。

得意多少常有點貶義色彩，含有譏諷之意。人們常說某某春風得意、自鳴得意、洋洋得意、得意忘形……皆屬此類。

但在現實中，還真有些人分不清該是滿意還是得意。某電視劇中，有一個義大利人，娶了一個漂亮的華人太太。

席間，他對客人說「我很得意」，站在一旁的新娘子連忙糾正道：「是滿意。」這位老外不得不為自己打圓場，說道：「你們的國語非常困難，弄不好就是不滿意了。」

像這位老外犯這樣的錯誤，我們並不在意，老外畢竟是外國人嘛！可有時我們自己竟然也搞不清楚到底是滿意還是得意。

例如，在某次聯誼會上，有位大學中文系教授走到一位渾身上下都是名牌的男士面前，很有禮貌地問道：「先生臺甫？」男士不解其意，看著教授發楞。

教授只好改口：「大號？」

對方回答：「鄙人在某某公司。」

教授又進一步追問：「先生怎麼稱呼？」

這位男士回答：「我是經理。」

這位男士也許對自己的職位很滿意，連姓名都忘記了。

人們為什麼會得意呢？也許是在人生境遇中，比別人順利了一點，也許他得到了滿足，或獲得一些小小的成功。然而，最為根本的是他的

淺薄。因為自己的淺薄，竟以為自己通曉了一切，無所不能。

曾有位俄國年輕人，會寫幾首詩，竟不把大詩人普希金放在眼裡了。居然當眾問普希金：「我和太陽有什麼共同之處？」

普希金輕蔑地回答道：「無論是看你還是看太陽，都不得不皺眉頭。」

淺薄的人受不得讚許，哪怕是一點點，也會自鳴得意、自視甚高起來。有一位畫家畫好一張畫後，拿到鄰居家去徵詢意見，這位鄰居是位鞋匠，看了畫後，指出畫上的靴子少了一個鈕扣。

畫家很感激，馬上改正這個疏忽。不料，鞋匠卻得意起來，鄭重其事地對整個畫指指點點，橫加指責，弄得這位畫家哭笑不得。

得意和尊卑貴賤並沒有關係，但在淺薄的人看來，只要我比你有那麼一點所謂的尊貴，那也能成為我得意的資本。有一則故事，說的是在一個破舊的街區，住著三個女人，經常在一起聊天。

一個女人說：「我的丈夫真棒，是火車司機。」

另外一個女人趕緊說道：「火車司機算什麼，我老公是列車長，專管你丈夫。」

第三個女人不甘示弱，得意地說道：「我先生是扳道岔的，要讓火車朝哪個軌道上開，就得朝哪個軌道上開。」

一列火車成全了三位女人的虛榮心，使她們在這廉價的得意中快活著。人一得意，就感覺自己站在人生的高處，不知天高地厚，這是狂妄的表現。其實，真正的高處，就在你的腳下。

在某條老街上住著三位裁縫。甲裁縫在自己的櫥窗上掛出一塊招牌，上面寫「全縣最好的裁縫」。

乙裁縫看到了，立刻也打出一塊招牌，寫的是「全國最好的裁縫」。

丙裁縫看了兩個人的招牌，仔細想了一下，也打出一塊招牌，上面

寫「全街最好的裁縫」。

　　古人云：「傲不可長，欲不可縱，志不可滿，樂不可極。」盈則虧，滿則損，春風得意之時，不要留下得意忘形之態。

要學會夾著尾巴做人

「夾著尾巴做人」，似乎有些世故圓滑。但處世過於矯情做作，過於自傲，肯定很難得到他人的信任和幫助。所以，還是將尾巴夾起來好。目前流行的語言是「包裝」，就是把自我宣傳好，把缺點掩飾起來，把優點放大。

在一個流於社交應酬，盛行宣傳、廣告、包裝的商品時代，「笨人」無疑是可笑的。但實際上人際關係最根本在「真」，在「誠」，無論交際的技巧如何老練，若無善心，太過工於心計，其處世不會久長，交友也不會長久。

宋儒呂本中在《童蒙訓》中說：「每事無不端正，則心自正焉」。有了誠心，方能辦成事。交友、處世不是技巧問題，而是誠心問題。所以他認為：

凡人為事，順是由衷方可，若矯飾為之，恐不免有變時。任誠而已，雖時有失，亦不復藏使人不知，便改之而已。

這就是說，處人待事千萬不要虛情假意，矯揉造作，言不由衷，口是心非。在今天，首先要學「笨」些，而不是學「精」，多一些誠實的東西，少一些虛假的東西，按此法，其必有大成就。若順應商業化社會那種只重交際技巧，矯揉造作的發展，不會有大作為，充其量只能當個公共關係部主任。

處世眼光要放長遠些，大智若愚，這個道理是大儒們努力所做的。曾國藩寫給其弟的信，就說明了這一點：

弟來信自認為屬於忠厚老實一類人，我也相信自己是老實人。但只因為世事滄桑看得多了，飽經世故，有時也多少用一點機巧詐變，使自

己變壞了。實際上因這些機巧詐變之術，總不如人家得心應手，徒然讓人笑話。使人懷恨，有什麼好處呢？

這幾天靜思猛省，不如一心向平實處努力，讓自己忠厚老實的本質，還我以真實的一面，回復我的本性。

賢弟此刻在外，也要儘早回復忠厚老實的本性，千萬不要走入機巧詐變那條路，那會越走越卑下。

即使別人以巧詐待我，我仍舊以淳樸厚實待他，以真誠耿直待他，久而久之，人家有意見也會消解。如一味勾心鬥角，互不相讓，那麼，冤冤相報就不會有終止的時候了。

曾國藩是最反對傲氣的，他的家書中，指出傲氣是人生一大禍害，切要根除，他說：「古來談到因惡德壞事的大致有兩條：一是恃才傲物，二是多言。丹朱不好的地方，就是驕傲和奸巧好訟，也就是多言。」

在另一封信中，他又講到這個問題，告誡其弟一定要戒牢騷。信上大意說：

在幾個弟弟中，溫弟天資本是最好的，只是牢騷太多，性情太懶。以前在京城就不愛讀書，又不愛作文，當時我就很擔心這一點。

最近聽說回家以後，還是像過去那樣牢騷滿腹，有時幾個月不提筆作文。我們家如果沒有人一個一個相繼做出大的成就，其他幾個弟弟還可以不過分追求責任，溫弟就實在是自暴自棄，不應把責任完全推託給命運。

我曾見過我朋友中的那些愛發牢騷的人，以後一定有很多的挫折。……這是因為無故而埋怨上天，上天就不會給他好運；無故而埋怨別人，別人也絕不會心服。因果報應的道理。自然隨之應驗。

溫弟現在的處境，是讀書人中最順暢的境地，卻動不動就牢騷滿腹，怨天尤人，一百個不如願，實在叫我不可理解。以後一定要努力戒

除這個毛病……只要遇到想發牢騷的時候，就反躬自問：「我是不是真有什麼問題，以致心中這樣不平靜？」不狠心自我反省，不決心戒除不足。心平氣和、謙虛恭謹，不只是可以早得功名，而且始終保持這種平和的心境，還可以消災減病。

盛氣凌人也罷，牢騷太盛也罷，都是自傲的一種表現。自傲是人生一大敗筆。做人自謙，從個人來說，這是最老實的態度，世界之大，無奇不有，個人無論如何神通，也不過宇宙間一個塵埃而已。更何況天外有天，人外有人。程度高的人多的是，只是你沒看見而已。

從外人來說，自謙也是最實際的。夾著尾巴做人，不是虛偽，而是誠心。朱熹在給其長子家信中說：「凡事謙恭，不得盛氣凌人，自取恥辱」，就是說自謙招福，自傲招害。

《三國演義》中馬謖，紙上演兵，盛氣凌人，結果兵敗人亡。所以《顏氏家訓》中說：「滿招損，謙受益。」真是為人之真言。

所以，待人處世，尾巴不要翹得太高，而應該永遠放下來，夾起來。這麼做似乎弱些，似乎軟些，一時還會讓小人得志，但其實笑到最後的，一定是你。真正聰明的人的處世哲學，高明之處正在於著眼於大處，著眼於長遠。

人際交往的緩衝法

　　當有人提出某件事情要求你答應時，你對這件事一無所知，情況不明，難以作出正確的判斷和處理，在這種情況下，不能盲目地給予肯定或否定的回答。這時就可以說：「讓我了解一下情況再答覆你。」萬不可一口回絕，封死自己的退路，失去緩衝的餘地。

　　張之洞深諳此道，他不僅善於委曲求全，還深刻理解小不忍則亂大謀的道理，所以他常常為了達到自己的目的，不逞一時之強，而是委屈自己，適應現實的需求，等到為自己累積了堅實的基礎後，再充分發揮才能，來實現自己的理想，從而達到建功立業的目的。

　　張之洞雖然一生中，在大多數情況下都堅持己見，敢硬碰硬，不向異己屈服，但他畢竟是個滿腹韜略的人。他善於因時順勢，目光長遠，能屈能伸。

　　當張之洞被委任為山西巡撫，即將啟程時，有一個山西籍富商的孔老闆，拿著一萬兩銀子來賄賂他。他對張之洞說，他深知張之洞為官清廉，手頭並不寬裕，出於對張之洞的敬慕，他想為張之洞解決差旅費。

　　張之洞當時婉言謝絕了孔老闆的這筆錢。可是當他來到山西，考察了當地的情況後，深為山西罌粟的種植之多而震撼，他決心剷除山西罌粟，讓百姓重新種植莊稼。

　　而改種莊稼，需要幫助百姓買耕牛、買糧種，但山西連年乾旱、歉收，加上貪官汙吏的中飽私囊，拿不出救濟款發放給老百姓。不得已，他決定向商號老闆募捐。這時，他第一個想到的就是孔老闆。

　　開始時，張之洞覺得孔老闆當初是想拿銀子來賄賂自己，目的當然是想日後從自己這裡得到好處。現在要他把銀子捐出來，為山西的百姓

做善事，他未必會同意，但轉念又想，應該去找他談談、試試看。

因為雖然商人都重利，大多數商人都只肯做以小利換大利的事，但畢竟還是有一些大商人，銀子已經夠多了，他不再看重實利，而看重名和位，願意以銀子換名位。

孔老闆會不會是後一種人呢？如果是的話，可以和他商量一下，拿名位來跟他換銀子。雖說名聲與官位不能輕易送人，但如果能得到一筆拯救百姓困苦的錢財，解決百姓的生活所需，那麼在一些不涉及國家根本利益的小事上，是可以變通一下的。

經過商談，孔老闆終於表示願意拿出五萬兩銀子，但前提是必須答應他兩個條件：一是請張之洞為他在票號大門口的匾額上題寫「天下第一誠信票號」八個字；第二個條件是要請張之洞為他弄個候補道臺的官銜。

剛開始張之洞覺得孔老闆的這兩個條件都不能答應。因為自己連孔老闆的票號是否誠信都不知道，又怎能說它是天下第一誠信票號呢？第二，他向來討厭捐官，認為捐官是一樁擾亂吏治的大壞事，自己厭惡的事，自己怎麼能做！

這個孔老闆也太過分了，仗著有幾個錢，居然伸手要做道臺！人家千千萬萬讀書郎，二十年寒窗，三十年苦讀，到死說不定還得不到一個小官呢！

可是不答應他，該到哪裡去弄五萬兩銀子呢？沒有這五萬兩銀子，就沒有五、六千戶人家的糧種和耕牛，他們地上長的罌粟就不會被剷除，禁煙在這些地方就成了空話。

五萬兩銀子畢竟不是個小數目，它對張之洞的誘惑太大了。經過反覆思考，張之洞決定採用折中迂迴的方法，答應為孔老闆的票號題寫「天下第一誠信」六個字，這跟孔老闆所要求的那八個字相比，不僅少了

「票號」兩個字，而在意思上也有很大的不同。因為「天下第一誠信」這六個字意味：天下第一等重要的是誠信二字，並不一定是說他們家的票號，誠信就是天下第一。

至於他的第二個要求，張之洞反反覆覆想了很久，最後找了一個臺階：一來，捐官的風氣由來已久，不足為怪；二來，即使孔老闆做了道臺，他依舊要做他的票號生意，並不會等著去補缺，也就不會搶到別人的位置，所以對孔老闆來說，不過是得了個空名而已。

再者，按朝廷規定，捐四萬兩便可得候補道臺，孔老闆要捐五萬，已經超過了規定的數目，給他個道臺的虛名，於情於理，都不為過，還是答應他算了，要不，他五萬兩銀子怎麼肯出手？

為了五萬兩救民解困的銀子，張之洞終於自己「說服」了自己，而孔老闆最後也答應張之洞的折中方案。張之洞的忍小謀大，還表現在任兩廣總督時，雖然身為清流的儒雅君子，他對賭博深惡痛絕，但為大局著想，還是開禁了，並用這種「不義之財」，去做了許多利國利民的好事。

第六章　人際交往的誠信寶典

　　與人交往，首先要保有誠信。如果雙方當面說一套，背後做另一套，友好的關係不可能得到維持，兩人更不可能成為朋友。彼此以誠信相待，不因偶然事件而動搖，不因時光流逝而褪色，才算得上是真正的誠信。

人際交往的真誠法寶

「誠」作為人性中的第一美德，懂的人多，做的人卻極少。有些人總愛以誠來裝飾外表，而內部卻是以偽欺人；外面以誠待人，內部以詐自持。真正能表裡如一的人不多。

內外不一的人，雖能取巧於一時，終究難成久遠，只會成為一時的小人而已，並不是千秋萬代能成大器的人。所以古哲的訓言是：「人可欺，心不可欺。心可欺，天不可欺。」縱然能瞞天過海，只會是：「一世可欺，而萬世不可欺。」所以聖賢豪傑以至誠為貴。

誠可表現天地之真，充實天地之美，完成天地之善。有了真誠，才見天地之所以為天地，神明之所以為神明。誠為人性中第一美德，為英雄豪傑、偉大人物立德立言的第一要素。

有了真誠，才見人之所以為人，英雄豪傑、偉大人物之所以是英雄豪傑、偉大人物。誠可格天，誠能感人。所以孟子說：「最誠實不變的人，是沒有的。」朱熹說：「不能感動人，都是誠意不到位。」程頤說：「用誠來感動人，人也用誠來回報你。用權術來駕馭人，人也用道術來對待你。」

凡是自己用什麼方式來對待人，人也會用什麼方法來對待你，可以說是分毫不差，一報還一報。程頤又說：「人的問題就在於用智，在於用權術，雖然是好事，但都是作為不誠無物的表現。」

曾國藩曾經有所感慨地說：「天地之所以運行，國家之所以建立，聖賢之所以高大，都是誠來展現的。」誠就是最真，最真就能達到最美，最美就能達到最善，這樣便是天地的大德。

人應秉承天地之德，以人的美德，配合天地之德，便能天人合一。

道家與儒家，都堅持天人合一作為人生的最高境界，這個功夫就是以誠為根本的。

《易經‧乾》中說：「修養做到了真誠，所以能立功建業。」《中庸》中記載：「真誠明智叫做人的本性，以真誠為教化，天下就清明，清明就能看到真誠。」

《易經‧乾》又說：「唯有天下的至誠能盡其性。能盡其性，便能盡人的性；能盡人性，就能盡物性；能盡物性，就可以參天地的化育；能參天地的化育，就可以與天地齊高了。」

《易經‧乾》還說：「其次，是曲，曲能有誠，有誠便有形，有形就能顯著，顯著便可明白，明白就可行動，動發生變，變就可化，只有天下的至誠才可參化。」

至誠無聲無息，無聲無息就能長久，長久就能得到驗證。得到驗證就悠遠，悠遠就博大寬厚，博大寬厚就高明。博大寬厚所以能承載萬物，高明所以能覆蓋萬物，悠久所以能成就萬物。

博大寬厚配地，高明配天，長久得無窮無盡。最好能以誠來作為萬物的終結。無誠就無物，無誠就無成就，無誠就無世界。這是最明白不過的道理。

人際交往的信用密碼

　　信用，是彼此的約定，也是一種具有約束力的心靈契約。有時它無體無形，但卻比任何法律條文具有更強的行為規範。已是千萬身價的一位富翁，講了一個關於信用的故事：

　　那還是兩年前，我的事業剛剛起步，每天只能騎腳踏車上下班。有一天傍晚，我急匆匆地趕回家，但沒走多遠，腳踏車就故障了。這時，前後左右，沒有計程車，也沒有修車行。最要命的是，我全身上下一塊錢都沒有帶。

　　推著車子走了很遠，終於遇到一個正要收工的流動修車攤。當時，滿天的雲越積越濃，眼看著一場大雨就要來臨。顧不得許多，我懇求那位年邁的師傅，趕緊幫忙修車。

　　當我聲明身上沒帶錢時，那個師傅說：「沒關係啊！留下點什麼當抵押，明天再來拿。」我說：「好，我把員工證留在這。」他看了看我，再也沒說話，動手修起車來。

　　交談中得知，這位老人也曾顯赫輝煌過，曾經連續十年贏得優秀員工獎，但因為不識字，一直在基層崗位工作。他還在兒女畢業後，勸說孩子們到他所在的工廠工作。但時過境遷，工廠垮掉了，他一步一回頭地離開了自己幾乎奉獻畢生的工廠。在兒女失業的同時，自己的老伴又不幸生了病，臥床不起，全家就靠他擺的這個修車攤聊以度日。

　　車子修好後，我把員工證留給老人。老人一邊很仔細地放好，一邊抱歉地對我說：「先生，我沒讀什麼書，做得可能也不對。不是我俗氣，我是不得已啊！按說，誰沒有需要幫忙的時候，誰能萬事不求人？可我真的需要錢啊！要留下您的員工證，您就多擔待點吧！」

我趕緊說：「別這麼說，是我該說謝謝才對，沒您幫忙，我該怎麼回家啊！」我心裡想，付出勞力，收穫報酬，是天經地義的事。

而這次老人要的報酬，僅僅是一百元。

第二天，我又來到那個攤子，想把昨天的錢還給他。沒想到老人一臉惶恐，說話也變得結巴。原來，由於昨天被大雨淋溼，奔跑中，老人將我的員工證弄丟了。儘管今天自己還在發燒，但為了等我，仍然撐著到此擺攤。

我有點衝動地說：「你怎麼能這樣？你知不知道，辦員工證很麻煩，要多花錢，還要花好多時間？」我相信，就在當時，我一定展現出了自己心靈醜惡的本性。我這個曾受人恩惠的人，一旦擺脫困境，就忘記自己曾有過的乞求。有那麼多人在場，老人的臉上很不自然，只是一直道歉。

離開老人的車攤，我開始意識到自己的表現，真的不像是一個有修養的人應該有的作為。因為再辦一個員工證，其實也不算太麻煩。而且，如果不是老人幫忙，昨天淋雨和今天生病的，應該是我。

不久，我漸漸淡忘了這件事。

大約過了近半個月的時間，老人卻找到公司來了，他並沒有找到員工證，但卻記得我的部門和名字，並送來 1,500 元，給我用作辦證件的費用。我知道，那幾乎是老人這半個月的所有工作所得。

儘管我一再說明情況，稱當時不過是一時生氣，所以說了那些話，但老人執意要把錢留下，還很抱歉地說：「真對不起啊！收下吧！做人總該講點信用，那是老天教人做人的本分。」

從那一天起，我一直感謝老人幫我上了關於信用最好的一課。事實上，這件事給我很大的震撼。老人的言行，讓我重新思考公司的立足之本。公司得到發展後，在我的懇求下，老人來到公司，成為一名極為出

色的倉庫管理人員。

　　當我們的社會進入競爭經濟時代，很多人的信用觀念早已不復存在。人們開始玩小聰明，耍手段；羨慕陰謀詭計，弄虛作假；崇尚無原則辦事，拍馬、投機……一時間，大街小巷皆見教人智謀，學校頻見捧讀韜略厚黑；大商小販傾心陷害拐騙。我們的社會，出了什麼問題？

　　經商有經商的商機；遊戲有遊戲的規則；做人有做人的分寸；處世有處世的方圓，從過去到現在，互古依然。而唯獨現今，我們的信用可以輕易地拋棄嗎？

　　信用是人格的展現，是人類社會平穩存在，人與人和平共處的基礎，也是人性中最珍貴的部分。它與偽君子無緣，與空談家遠離。對人以信用，就是對人以許諾，那就是不變的永恆。

　　要維護、遵守信用，有時自然會犧牲一些時間、愛好、自由，甚至要付出鮮血和生命。但如果你自己，與你所在的整個世界，都沒有了信用，那你又將生活在一個什麼樣的人世間？

　　在動物王國，獅子慣於在一群數以千計的大羚羊中，挑選出生病或垂頭喪氣的那隻，作為腹中餐。一旦別人覺察出我們的膽怯和懦弱，我們旋即會成為他們攻擊的目標。

　　在舊社會，一般人養狗不是供家人玩賞，而是用來看家、防禦外人破門而入。一隻不咬人的狗，對一位主人來說，毫無用處。可是，狗並沒有專門訓練牠成為看家狗。牠應該襲擊誰？應該讓誰進屋？全憑牠的本能來定。

　　一隻狗讓一個強盜進入主人的屋子，或咬了一位不應該咬的、重要的訪客，牠就會遭到不幸。狗很快地學會按照幾條簡單的規則，區分誰是受歡迎的來訪者，誰是不受歡迎的來訪者：

　　①攻擊任何一位企圖進屋、衣衫襤褸或蓬頭垢面的陌生人。他不是

乞丐，就是小偷。

②攻擊任何一位看起來情緒低落、鬼鬼祟祟、或缺乏信心的陌生人。咬他不會帶來任何麻煩。這是向主人展現，你要提高警惕的簡便方法。

③如果一位陌生人既衣衫襤褸，又垂頭喪氣，毫不猶豫地撲上去。這是一次唾手可得的勝利，而且不帶絲毫風險。

④別攻擊衣冠楚楚或穿著考究的陌生人。他極可能是一位受歡迎的來訪者，咬他可能會被主人揍。

⑤別襲擊情緒高昂、信心十足的陌生人，他或許會親自動手揍你一頓。

⑥倘若一位陌生人衣冠楚楚、穿著考究、情緒高昂、信心十足，那要搖著尾巴，向他迎上去。

這些簡單的區分規則，在全世界的商人間，在政客間，司空見慣。在確定他們應該拍誰的馬屁和應該攻擊誰時，他們通通傾向於在有錢有勢者面前卑躬屈節、奴顏婢膝，而對又窮又弱者，則凶相畢露，毫不留情。

那些天生狡詐、殘忍的人們，總是占那些心地善良、信任他人的人便宜。

凱文跟他的合夥人攜手一個工作項目達八個月。他花費了自己的全部儲蓄和時間，成功地完成了他所負責的那一部分研究和發展計畫之後，誰知那位負責市場開發的合夥人，竟然私下覓得另一位合夥人，此人能夠提供額外的資金，於是他毫不留情地把凱文排擠出該工作項目。

由於凱文把自己的錢全部花在研究和發展上，如今連聘請一位律師起訴那位原定合夥人的錢都沒有。凱文是這種人，他覺得人人都是最好的人。只在他身邊待一會，你就會知道他是個好人。

　　其實，他心地太善良了。因為他盲目而又堅定不移地信賴別人，將自己置於被合夥人捉弄的境地。沒有一紙書面協議，他便開始埋頭工作，把完成的產品拱手交給那位原定的合夥人。

　　凱文不是世界上唯一一個傻瓜。幾乎人人在一生中，都有一次相信原以為值得信賴的人，結果發現他們並不可信。透過這些教訓，我們了解，當一位鬥士，為自己合法的、應該得到的權利去努力爭取，是很必要的。

講誠信才能受信任

當然，能讓別人充分信任你的一個最可靠的砝碼，就是你在做人做事上必須表現出誠實，而只有誠實守信，方能長久。

一個公司應徵員工，經過一層一層的篩選，還剩下三個面試者，他們的業務程度不相上下，要從三個人中挑選一個，實在難以取捨。

最後，總經理決定再來一次面試，由他親自挑選。面試的問題出乎意料，和業務毫無關係，是一道非常簡單的數學題：

請你們三個回答我一個問題：「十減一等於幾？」

第一位應試者想了想，最後滿臉堆笑地說：「您說它等於幾，它就等於幾；您想讓它等於幾，它就等於幾。」

第二位見第一位回答得這麼精明，不甘示弱地說：「十減一等於九，就是消費；十減一等於十二，那是經營；十減一等於十五，那是貿易。」

總經理聽了，微笑著點點頭，又搖搖頭，他把目光轉向第三位應徵者：「說說你的答案？」

「十減一就等於九嘛！」

後來，這個老實人被錄用了。

如果你面對同樣的問題，你會怎麼回答？會不會老老實實地說出「十減一等於九」？事實是，把簡單的問題搞得複雜的人，是最愚蠢的。在現實生活中，的確有人把「誠實」視為「愚蠢」。

人們最喜歡犯的錯，就是自作聰明，結果總是聰明反被聰明誤，為什麼不誠實地對待那些原本正確的東西呢？這代表實事求是的待人處世的態度。

沒有人喜歡被別人騙，即使那些喜歡恭維話的人，他們內心深處也

是在意和相信誠實人的。

　　誠實賦予一個人公平處世的品格，誠實是聰明做人最坦率也最謙遜的證明方式。那個一而再、再而三地呼喊「狼來了」的孩子，最後沒有人相信他。因為不誠實的人太不「天真」，因此也不「可愛」，更不要說招人喜歡了。

　　誠實的人必然不說謊、不欺騙。許多人都把欺騙和謊言當作「精明」，他們以為這些方法是值得使用的。但時間久了，狐狸尾巴終究會露出來。欺騙能換來一時的利益，但得不到永久的信任。

　　謊言也許能在某些時候、某些場合迷惑一些人，但這些人不久就會清醒。欺詐者是墮落的人，因為不誠實，他們不能與人長久相處，更無法達成自己對幸福、財富和快樂的願望。

　　誠實的人必然守信用、重諾言；不守信用的人，輕則破壞自己的形象，重則影響自己一生的發展，甚至還會因此丟掉自己的性命。

　　值得一提的是，許諾是非常嚴肅的事，對那些不應該辦的事和辦不到的事，一定不要輕率應允。古代哲人老子曾有訓誡：「輕諾必寡信，多易必多難。」

真誠的話語最動人心

世上最令人感動的是什麼？有人回答是「真誠」。的確如此，真誠的話語最動人。因此，當你面對一個固執的客戶，久攻不下時，你就該想一想「精誠所至，金石為開」這句話所包含的道理了。

把你的誠意，一滴滴地揉進話裡的每一個字，這就成了世界上威力最大的潤滑劑。有一次，一位外國記者問一位單身女部長一個很尷尬的問題：「請問部長，為何至今還是單身？」

對此，部長是無可奉告，還是避實就虛、含糊了事？人們揣測著可能出現的回答方式。然而，女部長的回答大出眾人的意料，她既不迴避，也不閃爍其詞。

她說：「我不信奉不婚主義，之所以單身，和年輕時的片面相關。一是受文學作品的影響，心裡有個標準的男子漢形象，而這種人，現實生活中沒有；二是總覺得要先立業後成家，而這個業又總覺得沒有立起來。然後就在山溝裡一待 20 年，接觸範圍有限，等到走出山溝，年紀也大了，工作又忙，就算了吧！」

這一席坦率的回答，使眾人感到吃驚，同時也使眾人大為感動。正是這種坦誠直率的風格，才使這位女部長，成為對外貿易談判中，辯才無礙的傑出女性。

企業都在隨時代不斷發展。人類文明進步的過程，就像「大浪淘沙」，潮起潮落，物競天擇。企業興衰，既有時代大環境的作用，又決定於企業自己的胸懷與作為。

談判是一種競爭，要競爭，自然離不開競爭手法。為此，各種談判的策略都要充分利用。但是，無論何種談判，都應在坦誠的基礎上進行。

坦誠的含義，包括「談判」，它是一種和平的磋商過程，而不是脅迫的代名詞。談判的協議，要靠談判者的信用來保證；談判者不僅要重視己方的利益，同時也應充分顧及他方的利益。正如美國前國務卿、著名談判專家亨利‧季辛吉認為的那樣：

在外行人眼裡，外交家是狡詐的。而明智的外交家懂得，他絕不能愚弄對手。從長遠的觀點看，可靠和公平這種信譽，是一筆重要資產。

確實，單從實用主義的角度而言，坦誠對一個談判者而言，是絕對重要的。如果你被認為不可信賴，人們只會告訴你由於你的職位或頭銜而必須告訴你的東西，除此之外，你甭想再額外得到些什麼了。

相反，當對方認為你可信時，談判後，在私下的時間，他或她也許會告訴你一些從談判上無法知道的東西。例如：

甲：看，我知道我們的出價是低了一點，不過，我們對貴公司的產品確實很感興趣。

乙：可是，你們在價格上的態度，讓人感覺一點通融的餘地也沒有。

甲：我知道這個。可是，如果貴公司能稍作讓步，我們的價碼還會變化的。

這段有趣的對話，也許會成為你走向成功的臺階。這不是因為你用陰謀詭計控制了別人，而是因為你得到了信賴。只有當人品的正直無可置疑時，祕密和關鍵的資料才會透露給你。

如果你被對方認為你說的話是值得信賴的，你就要盡力維護這個形象，這至少對你和與對方的下次談判，是至關重要的。

說話不算數會信用透支

待人處世最忌諱的是言而無信，說了不做。當別人滿心期待地等你的承諾兌現時，你卻將這件事忘到腦後，或者你壓根就沒有將事情放在心上，這不但對別人是一種戲弄，對自己也是一種不尊重。所以，不要輕易對別人承諾，如果承諾了，不管面臨什麼困難，都要將承諾付諸行動。

當然，言而無信的原因有很多種，一種是人品所致，形成了習慣；一種是確實做了，但是沒有做成；一種是記性不好，將答應的事情忘了；還有一種是口是心非，在口頭上永遠都不會得罪人，但是答應過後，就當一切都沒有發生。

馬來西亞文人朵拉曾經寫過一篇文章，題目是〈答應不是做〉。作者在總結人們的社交活動時，提出了一個發人深省的現象，文章裡說：

很多時候，我們要求別人辦事，他們的回應是：「好的，好的」。

年輕的時候，我聽到朋友這樣回答，會非常放心，非常感動。

但是不久，我就發現我放心得太早了。當人們點著頭說「好的，好的」時，他只是在口頭上答應了，是否真的去做，就是另外一回事了，很多人都是光說不做。

作者諒解朋友的同時，也開始反省自己，她發現自己也是這樣的，她也幾乎沒有為了一句答應過的話，而放下手頭的工作去奔波。我們也可以反省一下自己，是不是對別人總是有求必應，應過之後就不當一回事了？

古時候有一個故事。曾子是一個說到哪就做到哪的人。有一次他的妻子要去趕集，孩子哭鬧著也要去。妻子哄孩子說：「你不要去，回頭我

殺豬給你吃。」

　　孩子答應了。她趕集回來後，看到曾子真的在殺豬，就跟丈夫說：「哄小孩子的話，你何必當真呢？」

　　但是曾子說：「妳欺騙了孩子，孩子就不會信任妳了。」

　　曾子看重的是孩子品德的培養，他認為做人首先就要言出必行。信守承諾是做人的美德，我們在向他人承諾時，一定要問一問自己能否真的做到？

　　如果做不到或沒有十足的把握，就不要將事情答應得很乾脆，應該說「我可以試一試，但不一定能做到」，不要斬釘截鐵，讓對方將全部的希望都寄託在你的身上。

　　一個人的信用越好，他在工作和生活中就越能打開局面。所以，一定要重視信用。當你在許諾時，一定要問問自己：「我真的能做到嗎？」其次，在許諾後，你要認真地對待答應的事情，努力去實現它。

　　有一個朋友是雜誌社的編輯，在雜誌創刊時，上司要他去約稿，他跟一個朋友講好了每千字多少錢，然後朋友將稿件交了上來。

　　但是這個時候，雜誌社因為經濟因素，降低了稿費，這個編輯左右為難，當然他可以將實際情況告訴作者，但是他又覺得這樣有些失信於人，最後他自己補上了差額，將稿費付給了作者。他寧可自己損失一些錢，也不想在朋友眼中成為一個不講信用的人。

　　在與人交往的過程中，一定要說到哪做到哪，珍惜自己的信用，是贏得他人信任的關鍵。

信守承諾讓你有威信

　　說話要守信，行動要果斷。有命令就要執行，有禁規就要制止。法度不輕易改變，制度也不輕易變動。政務不輕視，策略不輕隨。領導者就要這樣來立信。

　　俗話說：「一言既出，駟馬難追。」《詩經》說：「白圭上的汙點，還可以磨去；言語上的汙點，就不能掩蓋了。」

　　領導者立信在上，官員百姓遵守在下；法制政策令行在上，所有官員百姓共同執行在下。就是說：只要是言語，都得守信用，沒有信用的言辭，不是正人君子所說的話，而與禽獸沒有差別了。所以古代聖賢都注重諾言，一言九鼎。

　　周公以桐葉封弟，文王以存原立信，尾生以守信而淹死，季布一諾千金，這些都是千古美談的話題。示信於人，所以能得人；示信於國，所以能得國；示信於天下，所以能得天下。所以老子重視戒除「輕諾」，孔子重視「訥言」。

　　老子說：「輕易許諾的人，必然少有信用。」孔子說：「君子不善於言辭，卻每捷於行動。」又說：「守信用的人，人們就信任他。」

　　叔向說：「君子的言辭，守信用而有驗證，所以怨恨就遠離他身邊；小人的言辭，超越本分而沒有驗證，所以怨恨很快就上來了。」

　　子夏說：「君子必須取得信任後，才去役使百姓，不然百姓以為是虐待他們。先要取得信任，然後才去規勸他人，否則君主以為你在誹謗他。」信發自於心，誠發自於意。信出自於口，所以成就於德。

　　曾經有人說：「黃金不能改變我的言辭，死亡不能改變我的信守。」又說：「信用說出來容易，做起來困難。小信守於言，大信守於心，君子

守言，聖人守心。」

這些都是千古的名言。

從前明太祖朱元璋，曾經以大膽的行為，使敵人的精壯降兵，都變成自己的驍勇死黨。在他起兵攻破采石磯後，長驅直入集慶，水陸並進，先攻破陳埜先的兵營，隨即就利用他們。

在降兵中挑選精壯驍勇的士兵五百人，直接歸納於軍中。這五百人都感到驚恐不安，朱元璋察看到他們內心的情況後，便籌劃著怎樣才能讓他們安穩而不害怕，信任而不懷疑。

最後，決定採取用他們對自己的信任，而招致他們有信仰的策略。在晚上進入營區五環侍候，自己也解甲就寢，而且把自己原來的人員調開，僅留馮國用一人侍睡在床前。此後，人心大定，都相信了他的至誠。

攻打集慶時，馮國用就率領這五百降兵，首先衝鋒陷陣，在蔣山下打敗元軍，威逼城下。各路兵馬快速奔進，一舉攻克南京，這五百人確實出了大力，立了大功。所以說，沒有威信，就不能役使人；沒有威信，就不能使人服從。

古人說：「言語忠信，行為篤敬，雖是在少數沒有開化的民族中都行得通；話不忠實、不信用，行為不誠實、篤敬，就是在當地也行不通！」這的確是真誠的話。

從前晉文公攻打原地，只帶十天的糧草，並與大夫約期十天後到原地。時期到了，晉文公鳴鑼退兵，罷休而去，卻有來自原地的人說：「原地三日就可以攻下吧！」

左右官員也認為對方的糧食、力量都快完了，請求等待。晉文公說：「我與士人約期十天，不去，就是我失去信用。得原地而失信，我不願這樣做。」原地的人聽說後，就投降了，並說：「身為君主，像他這樣守信用，沒有不歸順他的。」

　　衛國人聽說後，也投降了，並說：「身為君主，像他這樣守信用的，有不歸順他的嗎？」孔子聽說後，記載下來，說：「攻打原地而得到衛國的人，是靠信用。」所以說：「在人民中沒有信用，就不能立身。」身為國君，軍隊、糧食都可以丟棄，唯有信用不能丟。

夠真誠才能交到真朋友

在物質文明非常發達的今天，人與人之間表現出推心置腹的真誠態度，已經顯得十分必要。對此，很多有識之士從內心呼喊：「人與人之間應該真誠，人與人之間應該多一點真誠，人與人之間應該一切都是真誠的。」

事實已經說明：真誠猶如一張人生旅行的通行證，它是一種讓人信賴的信物；它是一種讓人懷念的信物；它是一種讓人親切的信物。

在人際交往中，如果缺乏真誠，就等於缺少了車輛，缺少了帆船，缺少了橋梁，缺少了紐帶，社會無法將你送往成功的彼岸，無法將你送往勝利的山巔。

真誠是一首輕鬆愉快的歌，是一杯醇厚甜美的酒，是一首韻味久遠的詩。一個人如果有真誠，就會變得心胸寬闊，心地善良，心底坦蕩。

在東漢時期，曾有一對好朋友，一個叫閻敞，一個叫第五常。兩人來往密切，交情深厚。特別是閻敞，人品端正，誠信無私，深得第五常的敬重。

一天，第五常來到閻敞家中，說道：「閻兄，小弟奉命調京城供職，路途遙遠，且限日到京，行程匆促，錢物攜帶很不方便，我想將一百三十萬貫錢先寄放在兄長這裡，以後再來取，您看行不行？」

閻敞滿口答應，說道：「這有什麼不可以的，我一定代賢弟妥善保管，你什麼時候來取都行。」於是，第五常就把一百三十萬貫錢送到了閻敞家中，閻敞當面把錢封存好。

第五常起程赴京那天，閻敞十里相送，送了一程又一程。第五常再三勸說留步，兩人方依依惜別。臨別時，第五常還說：「那筆錢，閻兄如

果需要用，您儘管用就是了。」

第五常到京後不久，京城突然爆發一場瘟疫。第五常一家不幸染上此症，先後死去，只留下一個小孫子。第五常在臨終前，顫抖著拉著小孫子的手，斷斷續續地說：「你如果……能夠……活下來，年紀……這麼小，怎麼……生活啊？我有……三十萬……貫錢，寄放在……家鄉……你……閻敞爺爺……家中，你可以……取來……維持……生計……」

第五常去世了，他的孫子記住了他的話，知道他在家鄉的閻敞爺爺家中，寄放了三十萬貫錢，但當時年幼，路途又遠，無法去取回這筆錢，只能靠他家在京的親戚朋友接濟度日。

十幾年過去了，第五常的小孫子長大了，這才返回故里。為了安置家業，他想去找閻敞爺爺取回爺爺存放的錢，但心裡總覺得不踏實。口說無憑，手中沒有任何憑據，這麼多年過去了，能拿得回這筆錢嗎？

一天，閻敞正在書房裡讀書，忽然家人進來說，有一位年輕公子求見。閻敞來到客廳一看，覺得似曾相識，又實在想不起是在什麼地方見過，是不是真的見過？那年輕人拜見了閻敞，說起爺爺第五常，閻敞才知道，原來他是五常賢弟的孫子。

閻敞聽了五常賢弟一家的不幸，回想起過去兩人的友情，百感交集，為朋友哀傷。第五常的孫子還沒有啟齒錢的事，閻敞就說了：「你的生計暫時不用發愁，你爺爺有一百三十萬貫錢寄放在我這裡，你現在可以拿去用。」

第五常的孫子一聽，著實吃了一驚，爺爺說的是三十萬，不是一百三十萬呀！於是，他將爺爺臨終前的話說了一遍，問閻敞爺爺說：「您老人家是不是記錯了？沒有那麼多，只有三十萬。」

閻敞忙說：「沒有錯，沒有錯！孩子，我想是你爺爺在重病之際，頭腦有點不清楚，把話說錯了。」說著，忙到貯藏室，將第五常當年寄放

的一百三十萬貫錢搬了出來，親手交給第五常的孫子。

第五常的孫子接過錢來，含淚告辭。他在想：「閻敞爺爺不愧是我爺爺的好朋友。真是錢財有數，誠信無價啊！」

交友要交心，待人貴在誠，真誠地對待朋友，應該講信用，守諾言，言必信，行必果。第五常奉調赴京履職時，之所以將一百三十萬貫錢寄放在閻敞家中，就是因為他相信閻敞這位朋友，就是因為他知道這位朋友人品端正、誠信無私，而且後來發生的情況，也確確實實證明了這一點。

正所謂：「錢財有數，誠信無價！」人世間，只要有真誠，就會產生心靈的感召，心靈的呼應，心靈的直白；即使遇到挫折，也不會氣餒；即使遇到晚秋，也不會寂寥；即使遇到冬夜，也不會覺得寒冷。

人與人之間，如果有了真誠，便有了進步的階梯；便有了成長的沃土；便有了融洽的氛圍；便有了友誼的橋梁；便有了關係的和諧。由此可見，只要有真誠存在的地方，那裡永遠陽光明媚，萬里無雲，每個人都會自由地呼吸，自由地生活，自由地擁抱太陽，臉上總是洋溢著舒心的微笑。

當今時代，人們渴望真誠，人們呼喚真誠，人們需要真誠。只有讓真誠植根於廣袤的大地；映照於遼闊的江海；扎根於眾人的心靈，人與人之間就會更磊落，世界就會更美好。

我們要求真誠，我們呼喚真誠；我們感戴真誠，我們崇尚真誠。對待朋友要真誠，對待異己者更需要付出加倍的真誠，才有可能化敵為友，使之成為你的朋友。

展現誠意的核心祕訣

在所有的交際要訣中，有一句是最重要的，那就是一個「誠」字。有位文化名人說過這樣一段話：

天地之所以不息，國之所以立，聖賢之德業所以可大可久，皆誠為之也。故曰：「誠者，物之始終，不誠無物。」

這句話的意思是說，天地之所以經久不息，國家之所以安治，人們崇敬的先賢聖人之品德事業之所以不斷地發展光大，都是因為一個「誠」字在發揮作用。

所以說，「誠」關係到萬事萬物的生死存亡，不誠，就沒有萬事萬物。那怎樣才能展現你的「誠」呢？所謂「誠」，其含義是人必須虛懷若谷，心底坦蕩，毫無私心雜念，這樣才能做到真實無妄，對任何人不欺騙，只有這樣，才能交到真心的朋友。所以，交朋友，自己要先做到內心的至誠至真。

「誠」的作用在於團結身邊的人，共同一心，成就大業。人的本性是善良的，任何人都不喜歡虛偽，所以只有至誠，才能從自己的身上，把虛偽的劣根徹底剷除掉。這樣，所有的人才能團結得像朋友一樣，同時共苦、出生入死、同心同德，做出一番事業。怎樣才能做到「誠」字，曾老夫子認為，最起碼要做到五點：

一是誠懇。知道自己的過失，便加以承認和盡快改正，沒有絲毫的吝惜掩飾之心，這是最難做到的。豪傑之所以成為豪傑，聖賢之所以稱其為聖賢，都因為他們為人誠懇、光明磊落，這是常人望塵莫及的。

反之請你想一想，其實能夠戰勝自我而達到內心的誠懇，那該是多麼快樂的事情啊！由此不知可以省去多少糾葛羈絆，避免多少遮掩矯飾

的醜態啊！

　　二是誠實。知道自己的實際能力與程度，不喜愛那樣的虛名。自古以來三種人身邊常有禍事：包藏禍心、想害別人利益者，會反受其害；過分嫉妒，容不得他人的人，不被他人所容；喜愛虛名，且不擇手段去竊取的人，早晚會被別人識破、揭穿。交朋友就要實心實意，不得有半點虛偽，否則，你就不會交到朋友，而會增添仇家，反惹禍端。

　　三是誠心。我們應當永遠「誠心」待人，「虛心」處世。「誠心」會引導你志向專業而勇氣十足，歷盡千磨百練而不改初衷，最終必定會有朋友的真誠相助，成就大的事業。「虛心」是指不矯揉造作、不夾雜私見，用這種方法來接人待物，最終必定可以被別人理解接受，順理成章地成為摯誠的朋友。

　　四是誠意。俗話說：「精誠所至，金石為開。」所以，曾國藩指出，凡涉世交友之人，一定要下決心把這兩個字理解透澈，處理完美，才好與各種人打交道、交朋友。

　　誠意即以樸實、廉潔、正直為本體，講真活、實話、直話，不拐彎抹角、不繞圈子。也許你的話初聽起來，讓別人無法接受，但時間久了，朋友自然能夠了解你的心意。

　　如果失去誠意，縱然你妙筆生花，也會露出破綻。騙人的事情只能欺騙一時，不可能欺騙一世，到頭來只怕會弄得人人心中都對你設防、心灰意冷，那麼，哪裡還會有對你真心誠意的朋友呢？

　　五是開誠布公。對朋友切不可玩弄權術，不可區分貧富貴賤，更不可攻擊別人的隱私，或在背後詆毀別人的短處。

　　「人之交，信為本。」與人交往必須講信用，這是最起碼的生活準則，這樣，別人才會覺得你是一個踏實的人，從而愛和你交往。因此，在交際的過程中，要不嫉妒、不猜疑，小人之心不可取。

　　要做一個胸懷開闊、光明磊落、心底無私的人，尤其是一個文明人。絕不用嫉妒、猜疑去對待朋友和同事，而是以一顆真誠友好的心，奉獻給他人。

　　要學會容忍他人的缺點。改變一個人長期形成的行為、習慣，是很困難的，為此憤恨他人，更不是解決問題的辦法。寬厚、容忍、善解人意，最能展現一個人的品格。社交中，遇事要量力而行，不要輕率地對他人許諾。

　　社交場合最忌諱浮誇賣弄的行為，那種不顧別人需求，一味在眾人面前出風頭的舉止，是一種膚淺、缺乏教養的表現。對一些生活枝節問題，要盡量表現出「從眾」行為，與別人採取一致的行動，更易與人關係融洽，也是對人尊重、信賴的表示。

　　向人道歉時，不要把眼睛往別的地方看，應注視對方的眼睛，這樣才能讓人相信你是真誠的。如果你覺得道歉的話不好說出口，可以用別的方式替代。

　　譬如可以在事後，給對方一個真摯的微笑或握手，也可送一點小禮物或一束鮮花，還可以用書信的方式。該道歉的時候，須馬上道歉，耽擱越久，便越難以啟齒，有時還會追悔莫及。而接受道歉的人，應採取寬容、理解的態度，誠心誠意領受別人的歉意，同時可略作自我批評，以減輕對方的內疚心理。

第七章　同學關係處理祕訣

　　同學關係也是一種人際關係，宿舍、班級、學校都是一個小型社
會。在這個小團體中，只有我們學會處理好同學關係，將來進入社會，
才能善於處理各種複雜的人際關係，以適應社會。

處理同學關係的法寶

學生時期，是人生最寶貴的時期；同學關係，是人生最寶貴的人際關係。同學間建立起來的友誼，最純潔、最穩定、最長久。

經歷過學生時代的人，大凡都有這樣的感覺：平時最貼心的朋友，往往都是小學、中學或大學時期的同學。

那麼，身為剛進入中學的我們，該如何在學生時代處理好同學之間的關係，為日後的人生釀造一杯回味無窮的甘醇美酒，同時也為將來步入社會做一個充分的人際關係準備呢？我們不妨從以下幾個方面做起。

1. 處理好人際關係

從我們成為中學生的那一天起，我們相處的對象和特點，就發生了根本的變化。小學時，我們與同學之間的關係，只是友誼或親密關係的一種拓展，那時的人際關係也很簡單。例如，我們可以只跟自己喜歡的同學來往，不喜歡或不想來往的同學，就可以不去理他。

然而，一旦成為中學生，或住到學校宿舍裡，我們就不能再僅憑個人好惡與同學們交往了。對團體中的每一員，無論喜歡與否，我們都要每天面對。

所以這時，我們不僅要與喜歡的同學來往，還要與不喜歡的人保持友好關係。這是中學校園人際關係的一個突出特點。

另外，在中學生活，人際關係的新特點還表現在不能僅以自己的標準要求別人，還應了解自己的行為和生活方式，也可能是別人所無法接受和不喜歡的。

因而，在發生衝突或不協調時，就不能僅僅指責和埋怨對方，而要

做到互相諒解和彼此適應。這就是說，我們必須逐漸擺脫以自我為中心的思維方式，逐漸學會設身處地為他人著想，並在此基礎上，建立起獨立、協調的新人際關係。

2. 提高自身的素養

我們常會聽到同學說：「×× 同學個性好，懂得多，所以喜歡與他交流。」的確，一個品行好、能力強，或具有某些特長的人，更容易受到人們的喜愛。人們欣賞他的品格、才能，因而願意與之接近，成為朋友。

所以，在校園中，我們若想增加自己對別人的吸引力，更友好、更融洽地與同學相處，就應充分展現自己良好的品格，施展才華，發揮特長，使自己的品格、能力、才華不斷提升。

人們喜歡真誠、熱情、友好的人，討厭虛偽、自私、冷酷的人。對個性特質的評價，最高的是真誠，最低的是虛偽。進入中學階段的我們，在選擇朋友時，首先考量的是個性品格，要與成熟、熱情、坦率、思想活躍、有責任感的人來往。

3. 多為同學著想

這個社會，是一個多元化的社會，人們相互之間的關係越來越複雜。社會的複雜性，導致個性的豐富性，這必然會引起個體之間衝突的加劇。青少年朋友，我們要與周圍的人保持良好的人際關係，就必須學會求同存異，具備寬宏豁達的心理特質；就必須多為別人著想，做到以誠相待。

在生活中，我們與朝夕相處的同學有了誤會，受到他人不公正的對待、不為人接納時，一定會焦慮和煩惱，也一定會影響自己的課業、生活及與同學間的關係。那麼，這時候該怎麼辦呢？是大吵大鬧，還是乾

脆與之絕交？

　　其實，這些都不是最好的辦法，這樣只會使自己在交往中處於不利地位，且影響以後的來往。相反，如果我們做到寬宏豁達，心平氣和地站在對方的立場考量問題，體會他人的心情和感受，誤會、委屈就常常會煙消雲散，他人也將欣然接受我們。

　　當然，做一個寬宏豁達的人，是有一定難度的。但我們在日常的生活、交往中，一定要注重這種特質的培養，以求更能好好地適應生活、適應社會。

　　同學中，他們或開朗、或深沉、或含蓄、或坦率、或豁達、或慎重，其個性是豐富多彩、千差萬別的。因此，我們在交往中，要學會做個有心人，善於體察別人的心境，主動關心他人，採取不同的方式，使他們感受到我們的善意和溫暖。

　　以同宿舍的室友為例，室友間的交往頻繁，因接觸多、機會多，交往最易；但也因接觸多、摩擦多、爭執多，交往也最難。這就要求我們每個人都要注意觀察，盡量滿足他人的需要，如經常打掃，為生病或有事的同學送飯、補習功課……等。

　　現在的中學生在交往時，普遍存在一種「以我為中心」的傾向。很多人只強調他人對自己應該承認、理解、接受和尊重，卻忽視對等地去理解和尊重他人；只注重自己目的的實現，卻無視他人的利益和要求。在這種傾向支配下，他們常常不顧場合和對方心情，一味順著自己的心情去交往，致使在交往中出現尷尬的局面。

　　試想一下，當一個人低潮時，我們卻在他面前宣告自己的成就，結果會怎樣？所以，很多時候，我們需要多進行換位思考，只有將心比心，以誠換誠，才能達到心靈的溝通和情感的共鳴。

4. 保持誠實守信

誠實守信是一個做人基本準則。在與人來往時，如果同學欺騙我們，我們的自尊心就會受到傷害，也就無法像以往那樣去信任他。同樣，我們也應該以誠實、真摯的態度對待他人，去獲得對方的信任和理解。

誠實守信顯示一個人的自尊和內心的安全感、尊嚴感，可以使我們在交往中，獲得他人的信任，進而把那些具有相同優秀特質的人，吸引到身邊，建立無須偽裝自己的輕鬆、愉快的社交圈。

交友是一個不斷選擇的過程，虛偽不可能永遠被隱瞞，一旦被對方發現，就是對友誼的最大傷害。因而，我們在與人相處時，要寬宏豁達，要體諒他人，要處處以誠相待，才能和同學建立真正的友誼，才能與同學更加友好地相處。

5. 有一定社交技巧

青少年朋友，交往中的技巧猶如人際關係的潤滑劑，它可以幫助我們在交往活動中，增進彼此的溝通和了解，縮短心理距離，建立良好關係。

很多同學有人際關係障礙，都是由於缺乏溝通技巧。他們在與自己非常熟悉的人來往時，能表現自如，但與不太熟悉的人來往時，往往很被動、拘謹、畏縮，不知該如何相處。

由於缺乏交流和人際交往的技巧，往往容易對人際交往失去興趣，並在來往的場合陷入被動、孤立的境地，容易因不能恰當表達自己的想法，而限制了發展。

其實，對許多中學生來說，如果意識到自己在社交和人際交往方面缺乏必要的技巧，應採取主動的、積極的方式，逐步改善，而不應一味迴避。

社交技巧是非常多樣的，比如增加人際吸引力、幽默、巧妙批評、語言藝術……等。對中學生來說，成功交往的心理特質，包括誠實守信、謙虛、謹慎、熱情助人、尊重理解、寬宏豁達……等。

語言藝術的運用，包括準確表達、有效傾聽、用語文雅有禮貌……等，這些都有助於提高交往藝術，獲得較好的交往效果。

此外，在正式交際場合，還要注意服飾整潔，舉止文雅得體，坐、立、行姿勢雅觀，不要不分對象亂開玩笑，避免拍肩、拉手等動作。當然，也不能在人前畏畏縮縮，謹小慎微。應既信心十足、精神抖擻，又落落大方、不卑不亢。

總之，進入中學期間的青少年，在人際交往中，要樹立自信，提高各方面的素養，勇於實踐，善於總結。在學習中實踐，在實踐中學習，不斷完善自己、豐富自己，逐漸走向交往成功，走向人生成功，才能成為一個快樂、陽光的青少年。

同學相處的實用技巧

身為青少年，我們在生活中，接觸、交往最多的，還是自己的同學。我們和同學共同生活在一個團體中，應共同創造學校的文明環境，共同創造團結奮進、生動和諧的氣氛，並在這種環境和氣氛中，攜手共進。因此，我們和同學相處，應該講究一定的技巧。

1. 多想同學的優點

想想同學與自己的相同點，我們就有勇氣發現他人身上的優點，如「她的課業成績很好，又愛跳舞」、「他的口才很不錯，是個公眾人物」。

2. 積極參加團體活動

在團體活動中，同學間的交流不僅需要使用語言，還需要默契配合，做到相互了解，心靈溝通。因此，和同學之間的交流是主動的、全面的。透過參加團體活動，我們會不由自主地把他人視為好朋友。

3. 絕不背後議論同學

如果我們喜歡在背後議論同學，得到的結果只會讓同學遠離自己。

生活中，這種喜歡在背後議論他人的人大有人在。有人喜歡不斷挑別人的毛病，說人家的長短，真實目的卻是在貶低別人的同時，使自己的自尊心得到滿足，或借此抬高自己在別人心目中的形象。

但是，每個同學都會學著觀察別人，他人的一面之詞，可能矇騙得了一時，但不可能長久。一旦事情真相大白，議論他人者，不但不能抬高自己，還會自取難堪，讓別人懷疑他的動機。所以，我們千萬不要這麼做！

4. 多想辦法幫助同學

對忌妒自己成績好的同學，最好的方法是幫助他。差距是忌妒產生的根本原因。正是我們和同學在成績上有了距離，我們之間才會悄悄地疏遠。

它既然能形成，就一定可以消除，而最好的辦法，就是幫助同學把成績提高。沒有了產生忌妒的土壤，忌妒自然會消失。我們和同學之間的緊張也會煙消雲散。

5. 不懷疑同學

多疑的人常常會自我孤立，他們情緒緊張，整日提心吊膽，害怕走近他人的世界，也不願意他人走近自己的世界。有時一件小事，一個偶然的手勢，一句無意的話，都可能引發猜疑與不安。去掉多疑的最好辦法，是增加自信。

6. 主動傾聽同學傾訴

主動傾聽同學訴說苦惱，會得到同學的信任。在我們周圍，有的同學因成績不佳而苦惱，有的同學因老師的責備而沮喪，或因誤解而鬱鬱寡歡……因此，我們要主動傾聽同學，讓他能夠把話說出來，讓他說出他想說的。一旦把內心的煩惱都傾吐出來，問題就解決了一半，我們可以幫他分析，找出解決的方法。

7. 主動消除彼此矛盾

找出「共同敵人」，就能消除彼此隔閡。與同學產生矛盾或有隔閡

時，在意識上找出或製造出一個「共同的敵人」，就可以拉近彼此間的距離，有利於與同學間的溝通與合作，從而使對方對我們產生好感。

8. 不要用過時的衡量標準看人

用過時的衡量標準看人，會妨礙我們交到新朋友。在與同學的交往中，對於已有一些變化的同學，不能仍用過時的標準看待他。

對方明明做了有利於我們的事，我們仍然態度淡漠，這就形成了對他人的偏見與成見，使我們失去了許多能成為好朋友的同學，這真是太可惜了，且對我們的健康成長也是非常不利的。

9. 學會掌握分寸

同學關係緊張時，不妨有意疏遠一段時間。在與同學交往中，如果關係緊張，對方正在氣頭上，自己無法說服他；同樣，當時我們也不可能冷靜意識到自己的錯誤，這時再爭執下去，和同學的關係就會進一步惡化。這時，最好的辦法就是有意疏遠一段時間，讓時間來解決問題。

10. 要做真實的自己

過於在乎別人的想法，反而會影響交往。關注自己給別人的印象是對的，但是過於在乎別人的想法，就會讓他人的一舉一動牽動我們的情緒，同學稍有不快，自己就可能進行自我反思。

為此，在校園生活中，不要過度在乎別人怎麼看待自己，憑自己的意願去做好每一件事，在同學面前展開一個真實的自我。

11. 不玩不健康的遊戲

有輸贏的娛樂活動，會影響同學間的關係。同學一起休息時，盡量

避開有輸贏的娛樂活動，或在進行這類娛樂活動時，不要把輸贏看得太重，保持平常心。看到同學因形勢不利而心情急躁，可做些讓步，或主動終止遊戲，因為遊戲本身不在乎輸贏，而在於輕鬆、愉快。旁觀的同學也不會因此小看我們，還會佩服我們的大度。

12. 不要隨意賣弄自己

在同學面前切勿誇誇其談、賣弄自己，過於高傲、目中無人、唯我獨尊，只顧自吹自擂的人，是沒有人願意與他交談的。

正確處理好和同學之間的關係，是一門藝術，不可簡單粗暴，不能委曲求全，既要體諒別人，又要維持自尊。如果我們能夠虛心地運用以上各種和同學相處的技巧，從容地進行人際交往，那麼，我們將會結交到更多良師益友，並因此成為一個擁有眾多朋友的陽光青少年。

同學相處的基本禮節

對青少年來說，生活的主要環境，是校園和家庭，在學校的主要任務是讀書、學習，來往的對象主要是父母、老師和同學。

但是，如果我們不會正確地處理人際關係，就會造成許多不必要的煩惱，既影響課業，又讓自己過得不快樂。

那麼，我們應該如何正確地和同學相處呢？其中，最為關鍵的一點，是時時、處處、事事以禮相待。具體來說，要注意以下禮儀的養成及訓練。

1. 見面互致問候

每天早晨同學相見時，我們應互相致意問早、問好。同學間可彼此直呼其名，但不能用「喂」、「哎」等不禮貌用語稱呼同學。在有求於同學時，需用「請」、「謝謝」、「麻煩你」等禮貌用語。借用同學的課本、文具和生活用品時，應先徵得其同意後再拿，用後及時歸還，並要致謝。

2. 教室保持安靜

在教室裡上課，要隨時保持教室的安靜、整潔，維護教室良好的學習環境。課間不要追跑打鬧，以免教室桌椅歪斜，塵土飛揚，影響同學的學習、休息及身心健康。

3. 走路互相禮讓

下課休息時，在走廊、走道內行走，要靠右慢行，不要快速奔跑轉彎，遇到同學時要放慢腳步，慢行禮讓。

4. 對同學有愛心

在人生路上，每個人都不可能一帆風順，當同學遭遇不幸，或遭遇偶爾的失敗，或課業上暫時落後時，我們不應嘲笑、冷落、歧視，反而應該熱情幫助，伸出援手。

既可幫同學分析原因，總結經驗教訓，也可用安慰、同情、鼓勵的話語，去撫平同學心靈的皺摺。有時，就算一句話不說，只是陪同學散散步、打打球，也不失為友愛的方式。

5. 時刻尊重同學

對同學的相貌、體態、衣著，我們不能評頭論足，也不能幫同學取帶侮辱性的綽號，絕對不能嘲笑同學身體上的缺陷。

6. 對同學要真誠

與同學說話時，態度要誠懇、謙虛；要語調平和，不可裝腔作勢；要關心同學的興趣和情緒。

聽同學說話時，態度要認真，不要做其他事；不要表示倦怠、打哈欠或焦急地看鐘錶；不要輕易打斷同學的話，如果要插話或提問，一定要先打招呼；要是同學說得欠妥或說錯了，應在不傷害同學自尊心的情況下，懇切、委婉地指出。

7. 說話時要文雅

與同學說話的內容要真誠實在，要實事求是地說出自己對事物的看法。不說胡亂恭維的話，也不說會讓同學感到傷心、羞愧的事，更不說

不文雅的汙言穢語。

8. 禮貌請教問題

在課業上，若遇到自己不明白的問題，要禮貌地向同學請教。在請教時，要選擇適當時間，不能一有問題，就隨便打擾或影響同學的學習。

請教問題前，要先得到同學的同意，再把問題說出來。如果被請教的同學，一時無法回答，不要嘲笑，應盡快為同學解除尷尬情景。當同學把答案告訴我們後，我們應當向他道謝，才可以離去。

親愛的朋友，在和同學相處時，只有對同學做好這些基本禮節，才能獲得同學對自己的尊重，我們也才能因此成為一個大家尊重的陽光青少年。

融入團體生活的訣竅

　　進入中學階段，有些青少年會進入一段住校時光，那麼，如何在住校期間，和同學愉快相處呢？這就需要擁有一些良好的基本生活習慣，並了解日常禮節。

1. 生活習慣

　　對住校的同學來說，因為寢室是主要的生活環境之一，它的面貌，在一定程度上也能展現和反映出我們自身的文化修養。所以，在寢室內，要特別注意日常生活習慣。

　　第一，要保持整潔。定期打掃寢室，擦洗地板、桌子、櫥櫃和門窗，被褥也要勤洗、勤晒。

　　第二，被褥要折疊得整齊美觀，衣服、鞋帽要整齊放置在固定地方。

　　第三，換下的髒衣服、髒鞋襪要及時清洗和晾乾，未洗之前不可亂丟，要安置在隱蔽的地方。

　　第四，毛巾要掛整齊，不要與其他同學的疊在一起，以免相互汙染。其他洗漱用具也應有規律地安放在一定的地方。

　　第五，重要書籍、簿冊或手機等用品，不能亂丟亂放，要放在自己的書桌內或櫃子內。

　　第六，冬天用的取暖設備、夏天用的電扇和蚊香，都要安放在安全的地方。夏天清晨就要把蚊帳掛起來。

　　第七，點心、食品和碗筷等，不僅要放整齊，還要注意密封、遮蔽和加罩，以確保衛生。對已變質的食物，要及時處理掉。

　　第八，寢室內畚箕、掃帚等公用物品，用後要及時放回原處，不隨

便亂放。開門、關窗要輕，窗要上鉤並注意隨手關燈。若寢室內有花，更要注意愛護。

第九，如果我們需要借用他人的東西，即使和同學是室友，也必須得到他的同意，用後要及時歸還。東西若有損壞，應照價賠償。

第十，在寢室內，應與在別的地方一樣，不可亂叫同學的綽號，不可講粗話和下流的話。

青少年對生活尚欠理解，也不太有生活經驗。在這種情況下，離開父母而投入團體生活，必然會遇到種種困難。如果這時，同學間能互相關心和幫助，就容易克服，就能讓同學感到團體的溫暖。所以，在團體生活中，和同學要做到互相關心。

但是，這裡也應有個限度，如果過度熱衷於別人的私事，也可能會導致侵犯他人的個人權利。假如有意或無意地去干預他人，那麼其後果也是非常讓人難堪的。

2. 日常禮節

住校學生生活在一個大家庭裡，上課、生活及其他活動都是團體進行的。因而除了要自覺地遵守學校規定的住校守則以外，還應特別注意日常禮節。

第一，要恭敬有禮。早晨起床後，見到老師和同學，應主動打招呼；晚上就寢前，應與老師、同學一一道別；使用公物，特別是在公共場所用水或晒衣時，要先人後己、禮讓三分。

第二，要生活有秩序。在團體生活中，不隨便使用、翻弄或移動他人的東西；自己的個人用品，要放在一定的地方，如果有遺失的情況，不要胡亂猜疑他人；平時在宿舍裡，不要高聲談笑；夜間就寢後，上下床動作要輕；盡可能用微型手電筒照明，以免影響別的同學休息；聽音

樂時，盡量使用耳機，或把音量調小。

第三，要關心他人。如果有同學生病了，要主動關心和照顧，幫忙送水、送飯，陪去醫院，幫助補課……等。

第四，重視公共場所的清潔衛生。要自覺維護和主動打掃，不隨便去其他宿舍串門子，尤其是異性宿舍，也不要隨便把外人帶進學校或宿舍；用電、用火都要隨時注意安全。

第五，要遵守作息時間。起床、就寢、自修、用膳、熄燈……等，都應按照學校規定的作息時間進行。

第六，要愛惜公物。要隨手關燈，節約用水，不浪費糧食，不損壞宿舍的各種設備，如果無意間損壞了公物，要主動承認，並自覺賠償。

卓小星是某校高一的學生，在班上他常常吹牛說自己長大後會有一番大事業，立志要「掃除天下壞人」。可是，他卻從來不肯動手把自己的家打掃乾淨。

一天，當他再次發表他的理想時，一個同學在他旁邊批評說：「聽說，你的清潔工作都是你媽媽幫你做的，你自己的房間都不掃，何以掃天下呢？」

同樣，如果我們居住的學生宿舍裡，床鋪亂糟糟，地上髒兮兮。那麼，就算我們口號喊得再漂亮也沒用。要知道，做事從細節開始。

為此，住在宿舍中的我們，在正確地處理好和同學的關係時，還要做好必要的清潔衛生。這樣，才能把宿舍弄得既美觀，又協調，這對我們的身心健康都有好處，讓團體生活過得完美而快樂！

向同學借東西的妙招

你平時向同學借過東西嗎？一定有吧！那麼，在向同學借東西時，你是怎麼做的？一起來看看下面的同學是怎麼做的吧！

某寄宿學校的高一學生周宇，最近想報名參加學校開設的跆拳道班，但恰好這時他的錢用完了，於是便向同宿舍的同學吳曉明借錢。

周宇對吳曉明說：「聽說你上週有回家，家裡一定給你不少生活費吧？最近我手頭緊，借我 500 塊吧！」

吳曉明猶豫了一下，不置可否。周宇著急地說：「你考慮什麼呀？難道怕我不還嗎？不就是 500 塊嘛！你爽快一點啦！」

聽周宇這麼說，本來還在猶豫的吳曉明，反倒拿定主意，說：「我不爽快，那你去找爽快的人借吧！」說完，吳曉明就走了。

第二天，同學劉平也來找吳曉明借錢。劉平對吳曉明說：「曉明同學，今天我去書店，看中一本書，非常想買，不過我還差一點錢，你方便借我一點嗎？」

吳曉明說：「要借多少呢？」

「80 塊就夠了！」劉平回答。

吳曉明二話不說，直接從錢包裡拿出 80 塊借給劉平。

故事中，周宇身為借錢者，在向同學借錢時，擺出一副高高在上的態度，吳曉明當然不願意借錢給他。而劉平用了「你方便嗎？」等商量的語句，最後順利地向吳曉明借到錢。

為此，在生活中，如果我們有向同學借錢、借物的情況時，身為求助者，我們要擺正自己的位置，說話不要太強硬，用商量的語氣向同學求助，讓同學感受到我們對他的尊重，他才肯幫助我們。只要願意放低

姿態，就算對方不寬裕，也願意伸出援助之手。

另外，在向別人借東西時，還要注意一些日常禮節。

第一，禮貌語言不可少。無論向誰借東西，即使是向極要好的同學借，也千萬不要忘了講「請」、「麻煩」等詞；歸還東西時，也不要忘了說「謝謝」。

第二，要先徵得他人同意。向他人借東西，要經對方允許後，再把東西拿走，並說明什麼時候歸還，不能自作主張，用了再講；更不能未經主人同意，就去亂翻他人的書包或文具盒。

第三，一定要按時歸還。跟同學借的東西，一定要按時歸還，否則，下次沒有人再願意把東西借給我們。

第四，要愛惜他人的東西。對他人的東西，我們要特別愛惜，做到完璧歸趙。東西用完後、歸還主人時，應請主人檢查一下。假如不小心把東西弄壞了，一定要主動照價賠償，並說明情況，表示歉意。

應該要明白，同學沒有欠我們什麼，我們都是平等的，在向同學借錢或物品時，擺低自己的姿態，會更容易得到同學的幫助。

當然，當同學需要這方面的幫助時，我們也應該伸出援助之手，因為幫助他人，其實就是幫助自己。總之，正確地處理好和同學之間的關係，我們才能算是優秀的陽光青少年。

化解同學衝突的技巧

隨著漸漸長大，會面對從小學到中學的人際關係變化。

步入一個新環境，由於每個同學來自不同家庭，在思想觀念、價值標準、生活方式、生活習慣等方面，存在著明顯的差異，在遇到實際問題時，往往容易發生矛盾或衝突，這時我們應該如何應對呢？

其實，只要學會換位思考、包容、講理、正確地處理事情，就會很容易化解與同學之間的衝突。

1. 換位思考

當我們與同學發生矛盾或衝突時，首先要做的，是站在對方的立場，用對方當時的心態，來思考這件事，是自己的過失？還是對方的不對？只有這樣，才能體諒對方的心情，才不會在一頓大吵大鬧中互相埋怨。

2. 學會忍讓

俗話說：「退一步海闊天空，忍一時風平浪靜。」身為青少年，應該把這句話當成待人處世的標準。當和同學發生爭執時，不要一時昏了頭，不吵個臉紅脖子粗絕不罷休，或許在退一步之後，這場爭吵便停止了。

不要認為在這個過程中，讓步就是畏懼、退縮，是沒有本事的表現。相反，就在我們忍讓的那一刻起，周圍的人會對我們的行為發出無聲的讚嘆，覺得你是一個心胸開闊的人。

3. 學會包容

　　進入一個新的環境，要承認每個人的生活習慣和價值觀的差異，如果和別的同學生活在一起，就得連同他的生活方式一起接受。如果他的生活方式有礙於自己的生活，比如他喜歡未經允許就隨便動我們的東西等，這時，我們可以委婉地提出意見，並適當地進行自我調整，比如收拾好自己的物品。

4. 要嚴己寬人

　　要做到對人寬，對己嚴，切忌以自我為中心。要學會尊重他人，在平時的生活中，做到三主動：主動與同學打招呼、講話；主動幫助別人；主動做公益性的工作。在幫助別人時，不要過於計較別人能不能、會不會報答自己。

5. 要講究技巧

　　到一個新環境，要講究和他人正確相處的方法和技巧。比如，同宿舍的同學，愛徹夜臥談，影響了大家的休息。我們可以直接提意見制止他們，也可以在適當的時機提出制定「宿舍公約」，或相應地調整自己的作息，或推遲上床的時間。

　　不過，需要注意的是，在提意見給別人時，一定不能當著很多人的面，以免讓對方難堪、沒面子。

　　當然，處理和同學之間矛盾的方法不只這些，聰明的你或許會發現更多，只要你能把這些方法順利地運用到生活中，相信你就能成為同學中的佼佼者，成為令人欣賞的陽光青少年。

讓同學成為好朋友的祕密

　　或許你已經發現，青少年結交的主要對象，就是自己的同學。在社交生活中，有很多從前和我們是同學關係的，最後有很大一部分，會成為我們的朋友。那麼，你想讓同學在未來的日子裡，可以成為自己的朋友嗎？這就需要做好以下這些具體的事情。

1. 關心別人

　　希望得到他人的關心，是人的基本需求。那麼，青少年要怎麼做才能得到他人的關心呢？唯一的辦法是我們要先去關心他人。

　　當然，關心他人要無私。有些人表面上很熱情，實際上卻是「拔一毛而利天下不為」，他關心別人，目的是企圖「放長線釣大魚」，從他人那裡撈到更大的好處。這樣的人，可以博得他人一時的好感，但很少有人願意與之「患難與共」，當然最終也不可能和他成為很好的朋友。

2. 坦誠待人

　　在與同學的交往中，除了要關心他人，還要「會做人」。那麼，怎樣才是「會做人」呢？就是朋友之間要坦誠。試想一個不坦誠、自私、虛偽的人，有誰會和他們交朋友呢？

　　坦誠的態度，就是表現真實的自我。人的內心複雜，充滿矛盾，既是君子，又是小人；既是天使，又是魔鬼。本來童心無欺，童心無詐，但當我們告別了小學時代，進入中學，有了是非觀念、獨立意識後，就會逐漸了解到：我不能暴露自己的缺點和笨拙，否則別人會把我看扁；我不能表現得與眾不同，引人注目，否則會遭到別人的忌妒和攻擊；我

不能對別人表示不滿，否則會招惹是非，得罪人……等。這些從成人那裡學來的種種心理防線，是不利於朋友間溝通的。

有三個女學生同住一個宿舍。星期天，其中兩個女生結伴去購物，沒有邀請小林。小林回到宿舍，只剩她一個人孤零零的，既傷心，又生氣。兩個同伴回來時，她第一個本能反應，是裝作不在乎，想把不滿憋在心裡。但她實在忍不住，還是脫口而出，把難受、生氣都說了出來。

那兩個同伴不但沒有取笑她、輕視她、責怪她小心眼，反而突然明白了她們之間的友情，對小林來說是多麼重要，連忙向小林解釋、道歉，她們之間的心理距離反而縮短了。

真正的坦誠，不僅要清除虛偽與猜疑的汙垢，還要蕩滌小心眼、虛榮心、愛面子的塵埃。只有這樣，我們的心靈才會像黃金一樣，熠熠生輝。

坦誠的另一層含義，是誠實不欺，講究信用，遵守諾言，它是我們的美德，也是現代交際的重要準則之一，為此，想讓同學成為朋友，就要做到講信用、守諾言。

3. 悅納別人

所謂悅納別人，即要從心底真正把別人當作朋友。這包括要一分為二地看待別人。

想讓同學變成朋友，我們不能因為某人有這個缺點，某人有那種問題，就輕易地嫌棄他，遠離他。

悅納別人當然不等於悅納他的缺點和問題，而是悅納此人，並誠心地幫助他克服缺點。一旦別人感受到我們真誠的悅納，自然就會心悅誠服地和我們建立良好的友誼。

4. 改變自己

通常，同學間相處不好的人，大多是在性格和習慣方面有些問題。例如，清高、傲氣，往往讓人敬而遠之；狹隘、自私，往往受人厭棄；吝嗇、刻薄，往往受人鄙視；花言巧語、愛耍手段，最終會被人唾棄……等。

另外，有些人還有不少影響他人的壞習慣，或經常有令人討厭的舉動，這都會影響到同學的關係。所以，注意改變自己的不良個性和習慣，也是讓同學成為朋友的一條重要措施。

5. 加強交往

有時候，良好的同學關係，全賴互相了解。想和同學達到彼此了解，就要加強交往、經常溝通。

所以，除了在學習中，彼此主動互相照應外，課業之餘，還可以多辦社交活動，主動找同學談心，討論問題、交流資訊；也可以一起下棋、打牌；還可以一起郊遊、遠足、運動等。

總之，讓自己了解同學、同學了解自己，才能和同學建立起密切的朋友關係。

6. 加強修養

每個人都有獨特的個性，有特有的行為方式。與同學相處時，固然需要遷就他人，持隨和的態度，但那也是有限度的。因為隨和不是放棄一切原則，遷就亦非予取予求。真正那樣做的人，根本不會得到同學的信任和尊敬。

　　當我們拒絕一些有違自己原則和立場的請求時，有一點值得注意，即不可過度強調自己的道德和行為標準，標榜自己的公正、清高、好學和守法的特質，從而使對方感到難堪，甚至覺得我們是在間接責備他。

　　我們只需說明無法滿足他人願望的原因，特別要指出無益於對方的情況。對方若是明理之人，當不會責怪我們；如果我們這樣做，仍不被對方諒解，也就只好隨他了。「豈能盡如人意，但求無愧我心。」這兩句話，有時是要牢牢銘記的。

　　當然，最好的辦法，是在平日的待人接物中，將自己的處事原則和態度明白地表現出來，讓同學知道我是怎樣的一個人。這樣，同學知道了我的一貫作風，就不會過分勉強我們去做不願做的事情。

　　在和同學的相處中，只要我們懂得關心別人、坦誠待人，在必要時悅納別人，並適當地改變自己和加強修養，就能吸引更多同學和我們來往，這樣，我們就會成為擁有很多好朋友的陽光青少年了。

避開交朋友的盲點

請問，你有很多朋友嗎？說一說，你都怎麼和朋友相處的？這裡，你需要明白的是，在和好朋友相處時，要有分寸，拿捏好彼此交往的距離，才能讓你的朋友越來越多。

因為每個人都希望擁有自己的一片小天地，如果朋友之間過於隨便，就容易侵入這片禁區，從而引起隔閡衝突。要知道，人際關係的密度，並不是越大越好，要懂得運用距離效應，才能收到更好的效果。

很多人交友都會有盲點：認為好朋友之間無須講究客套。好朋友彼此熟悉了解，親密信賴，如兄如弟，財物不分，有福共享……若講究客套，就太拘束、太見外了。

其實，朋友關係的存續，要以相互尊重為前提。朋友之間再熟悉、再親密，也不能隨便過頭、不講客套，這樣，默契和平衡將被打破，友好關係將不復存在。因此，我們對好朋友也要客氣有禮，避開不必要的問題。

1. 不要出言不慎

也許我們的才學、相貌、家庭、前途等令人羨慕，高出朋友一等，於是，我們就不分場合，尤其與朋友在一起時，大露鋒芒，表現自己，言談之中流露出一種優越感。

這樣做的後果，會讓朋友覺得，我們是在居高臨下地對他說話，有意炫耀、抬高自己，這會讓他的自尊心受到創傷，不由自主地產生敬而遠之的心理。

所以，在與朋友交往時，要學會控制情緒，保持理智平衡，態度謙遜，虛懷若谷，把自己放在與他人平等的地位，時時想到對方的存在。

2. 不要不分彼此

朋友間最容易忽視的，是對對方物品處理不慎，常以為「朋友間何分彼此」，對朋友之物，不經許可便擅自拿用，不加愛惜，有時遲還或不還。

這種情況，一次、兩次，礙於情面，對方不好意思指責，但如果繼續發展，就會讓朋友認為我們過於放肆，會對我們產生防範心理。

實際上，朋友間除了友情，還有一種微妙的契約關係。以實物而言，朋友之物可隨時借用，這是超出一般關係之處，然而我們與朋友對彼此之物首先要有一個觀念：「這是朋友的，當加倍珍惜。」

畢竟親兄弟，還要明算帳呢！所以，在生活中，應該注重禮尚往來，把珍重朋友之物，視為如珍重友情一樣重要。

3. 不要談吐庸俗

朋友之間談吐行動應直率、大方、親切、不矯揉造作，方顯出自然本色。但過於散漫，不重自制，不拘小節，則讓人覺得粗魯庸俗。

也許我們和一般人相處，會理性自制，但與朋友相聚，就會忘乎所以，或指手畫腳；或信口雌黃；或在朋友說話時，肆意打斷、譏諷嘲弄；或顧盼東西、心不在焉。

也許這是自然流露，但朋友私下會覺得我們有失體面，沒有風度和修養。久而久之，便會改變我們在他心中的印象，而對我們產生一種厭惡、輕蔑之感。所以，在朋友面前，應自然而不失自重，熱烈而不失態，做到有分寸，有節制。

4. 不要言而無信

請相信一句話：「輕諾寡言，必遭人棄」。有人不那麼看重朋友間的約定，朋友們的聚會也總是姍姍來遲；對朋友之求，當時爽快應承，過後又中途變卦。

也許，你真有事情耽誤約好的聚會，或沒完成朋友所託之事；也許，你事後輕描淡寫解釋一二，認為朋友間應當相互諒解寬容，區區小事，何足掛齒。

殊不知，朋友會因我們失約而心急火燎、掃興而去。雖然他們當面不會指責，但必定會認為我們無視友情，是在逢場作戲，是反覆無常、不可信賴之輩。所以，對朋友之約或所託，一定要慎重對待，守時守約；要一諾千金，切不可言而無信。

5. 不要強人所難

當我們有事，需要他人幫助時，朋友當然是第一人選，但若我們事先不作通知，臨時登門提出所求，或不顧朋友是否情願，強行拉他與我們同行，這都會讓朋友感到左右為難。

如果朋友已有活動安排，不便改變，那就更為難堪。而對我們所求，朋友若答應，則會打亂他的行程；若拒絕，又在情面上過意不去。或許他表面樂意而為，但心中就有幾分不快，認為我們太霸道，太不講道理。

所以，需要朋友幫助時，必須事先告知，採取商量口吻，盡量在朋友無事或情願的前提下提出所求，同時要記住，「強人所難，非交友之道」。

6. 不要不識時務

到朋友家拜訪時，如果遇到朋友正在讀書學習；或正在接待客人；或正準備外出……等，也許我們自恃摯友，不顧時間場合，不看朋友臉色，一坐半天，誇誇其談，喧賓奪主，不管人家是否早已如坐針氈了。

這樣，朋友一定會認為我們太沒有教養，不識時務，不近人情，以後會想方設法躲避我們，害怕我們再打擾他的私生活。

所以，每逢此情此景，一定要反應迅速，稍稍寒暄幾句，就知趣告辭。珍惜朋友的時間和尊重朋友的私生活，如同珍重友情一樣可貴。

7. 不要用語尖刻

人都有炫耀的心理。有時在大庭廣眾之下，為炫耀自己能言善辯；或為譁眾取寵、逗人一樂；或為表示與朋友之「親密」，亂用尖刻詞語，盡情挖苦、嘲笑、諷刺朋友或旁人，令其大出洋相，以此博得大笑，獲取一時之快意。殊不知這樣會大傷和氣，使朋友感到人格受辱，認為我們尖酸刻薄，後悔與我們交往。

所以，朋友相處，尤其在眾人面前，我們應和藹相待，互敬、互慕、互尊，切勿亂開玩笑，惡語傷人。

8. 不要吝嗇計較

要記得，為人慷慨才會受朋友歡迎。可能我們在擇友、交友時，認為友情勝過一切，何必顧慮經濟得失，金錢無法讓友情牢固。

這種想法，讓我們與朋友相處時，顯得過於吝嗇。事事不出分文，或患得患失、唯恐吃虧，對朋友所饋，慨然而受，自己卻一毛不拔。這會讓朋友覺得我們視金如命，是個吝嗇之人。所以，在和朋友交往時，

應該慷慨大方，才能顯得豪爽大度，並讓友情更加牢固。

9. 不要泛泛而交

交朋友要有良好的心態。不要因虛榮心或榮譽心的驅使，就交友心切，認為朋友越多，本事越大，人緣越好，就不加選擇、考察，泛認知己。

如果這樣，那朋友會認為我們是朝三暮四的輕佻之人，不可真心相處，結果就會使我們失去真正的朋友。所以，朋友之交，理應真誠相待，萬不可不分良莠地廣交。

同學們，在交朋友時，應該明白，朋友是感情體而不是經濟體，花錢不分你我，用物不分彼此……凡此等等，都是不尊重朋友，侵犯、干涉他人的不好行為。

偶然疏忽，可以理解，可以寬容，可以忍受。長此以往，必生嫌隙，導致朋友的疏遠或厭倦，友誼的淡化和惡化。因此，和好朋友相處時，應該有個分寸，遵守交友之道，這樣才能讓我們成為一個擁有眾多真心朋友的陽光青少年。

正確幫助不合群的同學

校園生活中，有的同學無法友好相處，甚至一見到對方就生氣。這是什麼原因呢？這其實是一種無法合群的心態。

對這些無法合群的同學來說，他們出現的交際障礙，將直接影響自己的上學熱忱，會使他們對上學產生恐懼與厭惡。

同時，如果班上有幾個不合群的同學，對整個班而言，也會產生負面影響，至少會影響到班級團體的凝聚力。

那要怎樣才能讓所有同學和睦相處呢？這就要求我們，在有良好的交際心態外，還要常去幫助那些不合群的同學，這樣才能讓班級更好！

1. 多熱心幫助同學

俗話說：「贈人玫瑰，手有餘香。」身為青少年，在校園生活中，應該熱心幫助同學。比如，在他課業上有不明白時，我們可以為他講解；在他沒有鉛筆時，我們可以借他；在他遇到其他困難時，我們可以伸出無私的援手……

這樣，不僅幫助他人，同時自己也得到快樂，而且也會讓他覺得，我們很熱心、善良，彼此感受到「愛是相互的」。

以後，當我們也有困難時，他也會反過來幫你。這樣，同學之間就能在互相幫助中建立起深厚的友誼。

另外，我們還可以與同學互相鼓勵，成為課業上的競爭對手，在一輪又一輪的比賽中，我們也會不知不覺成為密不可分的好朋友。

2. 多傾聽同學講話

　　和同學們交流時，如果總是我們說，就學不到什麼東西。只有多傾聽，才能學到自己不懂的知識。因而，在和同學相處時，要讓同學多說，給他們表達的機會，多傾聽他們。

　　如果他們說錯了，要給予正確的溝通交流和理解。如果是自己錯了，要勇敢地承認錯誤，在認錯時，幽默感和自嘲是很有益的。幽默感常能使我們擺脫尷尬局面，化干戈為玉帛。

3. 多付出不求回報

　　想讓同學對自己滿意，就要盡可能地不斷付出，而不是尋求馬上回報，這樣才會使我們得到比酬勞更重要的東西，就是信任。

4. 切忌隨意猜疑

　　有句話說：「猜疑把你、我都變成了蠢驢。」然而，我們還是經常推斷別人的反應和行為。我們常以為事物是不變的，人是不變的。其實，這是一個錯誤的想法。

　　有時，我們根本觀察不到過去的某些情況，已發生微妙的變化，而這些變化，可能促使人們採用與過去不同的行為方式。在和同學的交往中，我們要多些信任，少些猜疑，建立友好的同學關係。

　　全班同學和睦相處、互相幫助、相親相愛，是學生、老師和家長的共同心願。這樣不僅可以增加班級的凝聚力，且在這種理想的環境中，讀書、學習也會更加有效果。

　　青少年如果缺少了與他人的和諧關係，即使有知識、智慧和財富，也毫無意義。要知道，與同學相處得好，是一生中最重要、最寶貴的財富。

　　因此，為了讓我們的情操更加高尚、更加陽光，要堅持友善地和同學相處，從而使我們生活在和諧的氛圍中。

亂發牢騷，後果很糟糕

在生活中，每個人都會遇到不順心、不滿，這個時候，通常是透過發牢騷來讓自己的心情平靜。

其實，人的一生，不可能事事順心，當我們心懷不滿時，牢騷可以發，但要注意方式、方法，能不發，就不發。

週五下午，全校按慣例進行大掃除。衛生股長鍾玲玲安排班上身材魁梧的王剛、何杰和馬曉東三人負責擦窗戶。

因為這幾扇窗靠近學校操場，所以窗戶很髒。王剛越擦越覺得不滿意，便生氣說：「哼！這個鍾玲玲也真是的，每次都讓我擦這幾個最難擦的窗戶，她安的到底是什麼心？」

聽到這裡，本來正擦得起勁的何杰和馬曉東，也起鬨說：「對啊！對啊！誰叫我們功課不好呢！誰都不疼我們，好可憐啊！」

王剛接著說：「是啊！鍾玲玲就是仗著自己是班級幹部，每次都讓我們做這種又累又苦的工作，我看呀！她是存心跟我們過不去。」

王剛越說越氣，最後把抹布往地上一扔，跳下窗臺，坐在桌上。何杰和馬曉東見王剛不擦了，他們也停了下來。

這時，鍾玲玲過來說：「喲！你們這是怎麼了？怎麼還沒擦完就休息了，趕快擦完趕快回家啊！而且等一下學校要派人來檢查了，我們班級的整潔衛生名次還指望你們呢！」

王剛說：「哼！就算得到第一名，受獎的還不是妳，關我們什麼事呢？每次都只會讓我們做這種又累又髒的工作，妳怎麼不去做呢？」

王剛剛說完，何杰和馬曉東也來湊熱鬧說：「啊！就是，就是，鍾玲玲妳說，我們哪裡得罪妳了，怎麼沒有見其他同學擦這幾扇窗戶？」

　　他們三人你一言他一語的，容不得鍾玲玲插話，最後把鍾玲玲氣得哭著跑出教室。

　　在接下來的衛生評比中，他們班果然因為這三扇窗戶沒擦乾淨，而被扣分。在週一的班會上，老師嚴厲批評王剛、何杰和馬曉東，他們終於後悔地低下了頭。

　　青少年朋友，我們應該明白，發牢騷是情緒發洩的一種方式，不加注意就極易轉化為影響人際交往的負面因素。因為牢騷有別於意見和建議，大多是煩悶不滿的情緒或抱怨的話，非常消極，所以我們不能隨心所欲地發洩。

　　一旦我們把不滿情緒傳染給他人，使牢騷迅速演變成「小團體起義」，那麼，這種宣洩情緒的方式就變質了，很可能使事態擴大化、惡化。

　　一般來說，發牢騷都是「事出有因」的，要針對這個「因」去找解決的辦法，而不要翻舊帳，甚至主觀臆斷、曲解事實。

　　在上面的故事中，王剛他們本是對工作安排不滿意才發牢騷，以提醒衛生股長鍾玲玲在工作安排上要盡可能公平。可到最後，他們的話題卻變了，將事情擴大並曲解為鍾玲玲故意跟他們過不去，欺壓他們，這樣的牢騷毫無意義，不僅不會解決問題，而且還會傷害同學間的感情。

　　因此，我們一定要注意自己發牢騷的行為，要適可而止，否則會造成不良的後果，讓自己後悔不已。

第八章　和老師相處的訣竅

　　青少年大多害怕和老師來往。這會直接影響到我們對學業、對學校的興趣。其實，人與人之間相處的潤滑劑就是真誠，和老師相處，最重要的就是運用我們的真誠，做到尊敬老師，融洽相處，虛心求教，從而使我們受益終生。

和老師相處的實用妙招

　　身為一個在校讀書的學生，面對老師時，如何巧妙地和老師交流、相處呢？這裡，有一則故事。

　　1930 年代，在德國的一個小鎮上，有一位猶太傳教士，每天早晨總是按時到一條幽靜的小路上散步，不論見到誰，他總會熱情地打聲招呼：「早安！」

　　小鎮上一個叫米勒的年輕人，對傳教士每天早晨的問候，反應很冷淡，甚至連頭都不點一下。然而，面對米勒的冷漠，傳教士未曾改變他的熱情，每天早晨依然對這個年輕人道早安。

　　幾年之後，德國納粹黨上臺執政。傳教士和鎮上的猶太人，都被納粹黨集中起來，送往集中營。

　　下了火車，列隊前行時，有一個手拿指揮棒的軍官，在隊列前揮著指揮棒，喊道：「左，右。」指向左邊的人將被處死，指向右邊的人還有生存的希望。輪到點傳教士的名字了。

　　當他無望地抬起頭來，眼睛一下子與軍官的眼睛相遇了。傳教士不由自主地脫口而出：「早安，米勒先生。」米勒雖然板著一副冷酷的面孔，但仍禁不住地說了一聲：「早安。」聲音低得只有他們兩人才能聽到。

　　然後，米勒果斷地將指揮棒往右邊一指。傳教士獲得了生存的希望……

　　讀完這個故事，你也許會問，為什麼米勒會救這位傳教士呢？其實答案很簡單，就是這位傳教士最初埋下了真誠的「種子」。

　　是的，人與人之間相處的潤滑劑就是真誠，對待每個人都一樣，以真誠為標準嚴格要求自己。生活是一面鏡子，只有我們真正付出了，才

會有收穫，而我們身為青少年，和老師相處，也需要運用真誠。

身為學生，應該都有這樣的體會：與哪個老師關係很融洽，喜歡上哪堂課，那科成績就很好；如果與哪個老師關係不和諧，也會殃及那堂課，這大概也是愛屋及烏吧！

對青少年來說，大部分時間都在學校，免不了和老師來往，那麼，我們該怎樣與老師來往呢？向你推薦幾個妙招。

第一招：尊重老師。

要知道，老師把幾乎所有的知識無私地、毫無保留地教給學生，如果他們希望得到什麼回報，那就是希望看到學生成才、成熟，在知識的高峰上越爬越高。為此，我們和老師交往時，應該尊敬老師，見到老師要禮貌地打聲招呼。同時，在上課時，還應認真聽講，不破壞紀律，把老師交代的作業認真完成。

有的同學作業寫得馬虎、潦草，光是讓老師辨認字跡，都要花很多時間，給老師增添了很多額外的工作量。經常這樣，老師怎麼會高興，怎麼會喜歡自己呢？每個人都希望別人尊重自己，如果我們跟他人說話，他人愛理不理的，我們會喜歡這個人嗎？當然不會。所以，尊敬、尊重老師，是我們和老師和諧相處的基本前提。

第二招：勤學好問，虛心求教。

有的同學經常背後說老師壞話，「××老師並不怎麼樣！」「××老師什麼都不懂！」可是等我們長大後，才會明白，有這種看法和想法是多麼幼稚。就像作弊者，從來都以為老師不會發現，其實，只要站在講臺上，誰在下面做什麼，都一目了然。

老師因年齡、學問、閱歷各方面，程度肯定高於學生，所以我們要向老師虛心求教，好問不僅直接使我們受益，還會加深和老師的交流，無形中就縮短了與老師的距離。每個老師都喜歡肯動腦筋、勤學好問的學生。

第八章　和老師相處的訣竅

我們要知道，向老師請教問題，往往是師生間來往的第一步。在校園生活中，除了班導外，其他任課老師並沒有多少時間和學生直接來往，如果我們能經常向各科老師請教問題，就很容易加深師生間的了解和感情。

第三招：正確對待老師的過失，委婉地向老師提意見。

心理學研究發現，人們會對沒有缺點的人敬而遠之。其實，根本不可能存在沒有缺點的人。老師也不是完美的，或許他有的觀點不正確，或誤解某個同學，甚至有老師「架子」非常大，或是太嚴厲，都是有可能的。

為此，當發現老師的不足時，我們要持理解態度，向老師提意見，語氣要委婉，時機要適當。如果老師冤枉自己，要當面和老師頂嘴、反抗嗎？不行，這樣不但無助於問題的解決，還會惡化師生關係。我們可以暫且忍一忍，等大家都心平氣和了再說。不管怎麼說，老師是長者，做學生的我們，應該把他們置於長者的位置，照顧老師的自尊心和面子。

第四招：犯了錯要勇於承認，及時改正。

有的同學明知自己錯了，受到批評，即使心裡服氣，嘴上也死不認錯，與老師弄得很僵。有的人受過老師一次批評，心裡就非常怕他，認為他對自己有成見。這些都是沒必要的，錯了就是錯了，主動向老師承認，改正就是好學生。老師不會因為誰有一次沒有完成作業，有一次違反紀律，就認為他是壞學生，就對他有成見。

我們應該相信，老師是會全面、客觀地評價學生的。要知道，與老師的關係融洽，既可以促進學習，又可以學到很多做人的道理，會讓我們一生受益無窮。

第五招：多和老師交流溝通。

有學生不喜歡某一位老師，於是不願意上那位老師的課，不愛做作

業，勉強應付，其結果就是師生關係惡化，學業成績嚴重滑落。

對學生來說，保持學習的興趣和效率，最有效的方法就是心情愉快、求知慾強。所以說，與老師的矛盾情緒，是心理和諧寧靜的大敵，它直接導致不愉快的學習體驗，當然成績退步和下降，亦在情理之中了。

實際上，我們對老師的尊重，並不在於認同老師的對錯與否，而在於以誠摯的心與老師交流。對老師有意見，在交流的過程中，向老師提出來，相信老師會做到「有則改之，無則加勉」的。但是交流需要講究策略，最好是在事後找老師談心，說明實情，消除誤會。這既是一個讓老師更能了解我們的機會，同時也是一個真誠地愛護和幫助老師的機會。

但是，有的同學，面對老師時，容易出現害羞、膽怯心理，這時又該怎麼辦呢？遇到這種情況，我們最好以書面形式與老師交流。先理清自己的思想、缺點、意願，在尊敬老師的前提下，如實寫出來，向老師匯報，請求老師的指導和幫助。還可以寫寫自己的打算以及措施。這樣的內容，可以寫成單獨的書信，也可以寫在週記本、日記本裡，請老師批閱。

我們應該明白，人與人之間的矛盾，主要產生於溝通不當或缺乏溝通。很多時候，隨著溝通順利進行，矛盾也就化解了。所以，在與老師進行交往時，我們應該多和老師溝通，只有這樣，和老師的關係才會更加融洽。

另外，為了和老師相處得好，我們還可以利用傳統或特殊節日，自己動手製作小紀念品贈給老師，一方面溝通情感，另一方面為師生進一步交流埋下伏筆。如果老師有困難或身體不適，我們主動詢問能幫忙做什麼事情，關心之情溢於言表，進一步拉近與老師的距離，也為自己與老師交流、聽老師的教誨打開了通道。

請記住，和老師保持良好關係，會讓校園生活更加美好、更加陽光。因此，我們一定要從各方面和老師友好相處。

和老師相處的主要禁忌

在校園生活中，想一想，你有一個和自己關係特別好的老師嗎？如果有，那恭喜你！你已經成功地學會和老師相處了。

不過，你也不要以為，和老師的關係已經很好了，就可以像哥們兒一樣，故意在老師面前為所欲為，那樣的話，只會讓老師不再成為你的朋友。

為此，在與老師相處時，要注意掌握好說話的分寸，明白哪些該說，哪些不該說，這樣才能更好地與老師成為朋友。這裡，需要提醒你的是，在與老師相處時，你應該注意的幾個禁忌。

1. 不要讓老師尷尬

有的同學總想讓老師「出洋相」，讓老師尷尬，這是很不應該的。即使是不喜歡的老師，我們也不應該這樣做。正確的做法是，老師有不對的地方，我們應當委婉地向老師提出，或者把話題引開，轉移大家的注意力。

2. 不要與老師爭吵

有的同學喜歡表現自己的「能耐」，敢在同學面前與老師爭吵，這種做法也是不妥當的。如果老師真的說錯了，我們可以到老師的辦公室去向老師指出，老師便會聽取意見，第二天上課時會糾正。

3. 不要刺探老師隱私

在西方國家，問女士年紀、婚姻情況等，是不禮貌的，因為西方人普遍認為這些都是個人隱私，神聖不可侵犯。在我國其實也有很多提問禁忌。

　　如果任課老師是女性，且年紀看起來比較大，我們不能直接問她「妳結婚了嗎？」或「妳有小孩子嗎？」因為這類問題可能會讓老師感到尷尬。如果老師沒有結婚，她或許可以回答我們。但如果她已經結婚又離婚，或者有小孩，但因為離婚的原因，喪失了孩子的撫養權，那這些問題，會讓老師尷尬不已。

4. 不要談論老師壞話

　　身為學生，不能對老師厚此薄彼，尤其不能在某位老師面前，刻意比較另一位或另幾位老師，說一些老師的壞話……這樣會造成非常惡劣的影響。因為，我們批評的那幾位老師，可能會是這位老師的朋友，他可能會把這些壞話無意中說給他人聽，我們也會留給傾聽的老師一種不好的印象。

和老師交往的尊師祕訣

親愛的青少年朋友，請你仔細回想一下：當在學業上遇到困難時，是誰對我們耐心輔導和講解？是老師！當與同學發生矛盾時，是誰對我們耐心教育和引導？又是老師！當遇到困惑，感到迷茫，又是誰幫我們指點迷津？還是老師！

在成長的道路上，老師是思想和學習的引路人，老師在我們人生的扉頁上留下一片片光明；在我們前進的道路上，架起一座座彩虹般的橋梁。

可以說，老師是人生路上的第一盞指路明燈，每個人的健康成長，都離不開老師的諄諄教導和不倦教誨。

尊敬老師是青少年的美德，更是一種社會美德。古往今來，多少名人為我們樹立了尊敬師長的典範。古代程門立雪中的楊時，為了不打擾老師睡覺，便站在門外、頂著風雪等候。

著名數學家華羅庚成名後說：「我能獲得一些成就，全靠我的老師的栽培。」魯迅先生一直對他的啟蒙老師念念不忘，留學日本的 8 年期間，經常寫信向壽鏡吾老師匯報自己在異國的學習情況。

尊敬老師，從你我做起！但尊敬老師不能僅停留在認知上，還要落實在行動中。

1. 尊重老師的工作

我們應該知道，老師的工作是一種複雜的腦力工作，其工作對象是人，工具是人，「產品」也是人。拋開其工作的目的、工作的對象、工作的方法不說，僅其工作過程，就異常艱巨。

　　從老師工作艱巨過程的強度來看，沒有時間與場所的限制。在老師的作息時間表上，沒有「8小時以外」或「上班」、「下班」的概念，8小時以內是教育培養學生，8小時以外還是得從事教育培養學生的工作。

　　在黎明的操場上，在深夜的燈光下，老師總是直接或間接地從事培養學生的工作。即使是最單純的過程：備課→上課→批改作業，也需付出艱辛勞力。

　　培養一個人的成長，需要漫長的工作週期。俗話說：「十年樹木，百年樹人。」老師的工作內容需要經歷一個較長的週期，才能看到「產品」的大致成果。把一個學生培養成為社會所需的人，需要花費老師多少時間與勞力啊！

　　綜上種種因素，我們得到啟示：老師為我們付出那麼多，身為學生，就必須尊重老師。那麼，我們該怎麼做呢？

　　首先，應該在課堂上表現出對老師的尊重。紀律是課堂的保證，在課堂上，一定要保持課堂紀律；要認真聽老師講的內容，當聽懂時，要點頭向老師示意；如果不懂，要下課再問明白。

　　當然，課堂不能是一派死氣沉沉的景象，要積極回答老師提出的問題，要緊跟老師的步伐，讓老師有種喜悅之情。

　　下課時，老師雖然看不到我們，管束不了我們，但我們還是要自覺，杜絕抄作業的行為。抄襲作業不僅無法鞏固所學的知識，更是對老師極為不尊重的行為。此外，還要牢記老師的教誨，以實際行動證明，我們並沒有不在意老師的話，而是將老師的話牢記心中。

2. 尊重老師的人格

　　我們不僅要尊重老師的工作，還要尊重老師的人格。我們對老師不能直呼其名，更不可以幫老師取綽號。

如果需要表達對老師在教學中的不同觀點，應該要課後單獨找老師，或以討論的口吻，與老師探討應如何解答問題、如何理解。

尤其注意不要中途打斷老師的思路。如果我們不好意思直接開口，可以用書面形式向老師反映，建議老師多鼓勵學生提問題、提建議。

身為學生，對老師應有一種較為客觀的認知，教師也是人，當然也會有缺點和錯誤。為此，學生在心中設計理想老師的形象，並無不對，但不能以之作為評判老師現實形象的唯一標準，更不能簡單化地進行情感上的褒貶。

當然，在校園中，也確實存在部分教學能力低、師德水準不盡如人意的老師，但絕大部分，在專業上都是懂得多、鑽研得深，都有可學習的地方。

因此，一旦發現老師的不足，不用大驚小怪，也不用失望埋怨，更不應隨便替老師取不雅的綽號，而應以諒解的態度與人為善，在機會、場合適當的情況下，可以向老師委婉指出。但尊重每位老師，應是不變的前提，否則，容易造成對老師人格的傷害。

所以，我們千萬不要在課堂內外，以不恭的言行損害老師的人格。尊重他人是傳統美德，要從年少時培養，尤其是對老師的尊重。

3. 關心老師的健康

在學校，除了同學以外，師生關係可以說是最密切的了。對師生關係，有兩個盲點需要特別注意：一是把教和被教、管理和被管理的關係，看成是對立關係，對老師有戒心，和老師保持距離；二是只看到老師關心學生的一面，而忽視老師也需要被關心。

其實，老師也是需要關心的，尤其在健康方面。因為老師為了好好教學，往往沒有更多精力注意自己的身體狀況，這就需要學生的細心關照。

比如秋冬時，開窗流通空氣，細心的我們，應該注意提前把講臺一側的窗戶先關上，免得冷風使老師著涼；有的老師生病剛痊癒，這時，就應該特別為他準備座椅，並倒一杯溫水……這些看起來都是小事，但帶來的關切之情，卻能讓老師感到心裡暖暖的。

為老師創造良好的生活條件和工作環境，是學生關心老師的具體表現。學生對老師健康的關心，哪怕是最微小的表現，也能帶給老師極大的鼓勵。

不論生活有多少困難，無論工作有多大壓力，只要老師能從學生那裡得到關心，得到溫暖，老師就能堅持下來，戰勝一切艱難困苦，做好教學工作。

學生要懂得尊師重道的道理。在現代社會裡，每個青少年的成長都離不開學校，離不開老師。為此，正在學校上學的我們，要關心他人，首先應該關心的是老師。

4. 體諒老師的困難

這裡，也許你會有疑惑：「老師還有困難？這有可能嗎？」當然可能。

在學校經常可以看到年紀很大的老師，儘管他們行動不便，但還是堅持每天工作，堅持教書育人。老教師年紀大，通常身體較弱，精力不濟，但他們學識淵博，經驗豐富，責任感強，越到晚年越希望把教學工作做好。

為此，身為學生，當然應該關心這些老師，體諒他們的困難，創造一切條件，讓老師能夠發揮他們的特長。這樣的話，老師就可以集中更多精力用在課業指導上，讓我們在學業、品德上都能得到提升。

5. 協助老師的工作

　　老實說，從你當學生那一天起，你幫老師做過事嗎？以下我們來看看一位老師的回憶吧！

　　「我第一次當班導時，帶的是一個國三班，接手不久就剛好過年，我正煩惱不知道該怎麼準備新年節目呢！班級幹部跑過來說：『您剛來，情況還不熟，新年節目的事，您就不用擔心了。』他們這個決定使我很困惑，既感謝新班同學對我這個班導的關心，又擔心他們做不好。但同學們態度很堅決，看得出正在認真地準備，我只好在準備禮物、布置環境這方面多花點心思。」

　　這位老師十分動情地說：「那年新年晚會辦得非常成功，大家玩得很盡興，晚會結束，幾個班級幹部圍著我，帶著幾分自豪地說：『怎麼樣？還可以吧？新年節目就得這樣，要保密，演出時大家才會感興趣，像從前那樣，又是排練，又是檢查，到演出時，就一點也不新鮮了。』」

　　說完了這樁往事，這位老師認真地說：「這是我當班導學到的第一課，國三學生年紀不大，但他們已經知道關心人。他們的主動精神、創造意識，對我的幫助太大了。」

　　這位老師的回憶說明，在學校裡，學生有能力關心和幫助老師，老師的工作如果得到學生的協助，就可以做得更好。

　　老師的工作是教育學生。學生在汲取知識、提高能力、鍛鍊身體、培養良好品德中，發揮主動精神，就是對老師工作最有力的支持。學習的主動精神，表現在積極鑽研、提出問題、廣泛涉獵上。

　　有的老師讚揚某班學生「好教」，好教在哪裡呢？在學生自覺認真地預習，有發現問題、解決問題的強烈願望和實際行動，學習興趣濃厚，

不管課內、課外的知識都想了解、都想掌握，就像蜜蜂採蜜，就像海綿吸水，這樣的學生當然「好教」。

也許你會問，學生要這麼「好教」，那老師的教學工作豈不是太簡單了嗎？提高學生的積極度，是老師的工作，幹麼讓學生「協助」呀？

也許正因為我們之中的大多數人都有這種想法，所以很多同學處處都在等老師去做，而自己有時還故意不做，結果弄得老師和學生都很累，當然也就直接影響到學習品質了。

沒錯，提高學生的積極度，是教師應該做的，但學好，卻是學生應負的責任。教學是師生雙方的事，學生為什麼非得等老師，才願意去做呢？

主動學，會讓老師覺得「好教」，也就是協助老師「教好」，同時也是自己學好的保證。何況關心他人、協助老師，本來就是一個學生應具備的優秀特質呢！

發揮創造性也是對老師工作的協助。所有老師都希望學生掌握效果最好的學習方法，而最適合學生的學習方法，往往是學生在實踐中產生的。

一位外語老師要學生交流學習外語的經驗，學生結合自己的實際學習情況，總結了許多行之有效的辦法。同學們對這次交流活動都很滿意，覺得很有收穫。

老師在這次活動以後，連連說：「大開眼界，大開眼界，沒想到學生有這麼多好方法，對我的幫助太大了。」

反映情況、提出意見，也是關心老師、協助老師工作的一個重要層面。在我們身邊，有同學不願意提意見，覺得不同意見會讓老師不高興；也有同學不善於提意見，原本是好心，但態度和用語不恰當，令人很難接受。

第八章　和老師相處的訣竅

　　其實，同學不滿意的所在，往往正是老師工作的困難點。只要注意方法，不同意見也會受到老師的歡迎。

　　老師最苦惱的，是知道學生不滿意，又弄不清為什麼不滿意，找不到讓學生滿意的方法。這時候，學生能提出意見，正是老師求之不得的，怎麼會不高興呢？

　　為此，如果我們能在適當的時候，協助老師完成課業上的事，那麼，我們就既幫助了老師，又間接幫助到自己，何樂而不為呢？

　　我們應該知道，師生之間，只要能做到互相尊重、互相信任、互相理解、互相關心與愛護，就一定能創建和諧的師生關係。也只有這樣，校園生活才會過得更加美好、更加陽光！

尊敬老師，從小事做起

　　前面我們已經知道，應該尊敬老師，這是傳統美德，也是禮儀規範的一項傳統內容。那麼，具體到生活中，應該做好哪些事情呢？其實，尊敬老師並不需要去做驚天動地的大事，它需要我們在日常生活中，從小事做起。

　　課堂上，一道專注的目光，一個輕輕的點頭，證明我們在全身心投入，在專心致志地聽講，這便是尊重；下課後，在走廊上遇到老師，一抹淡淡的微笑，一個輕輕的招手，一聲甜甜的「老師好」，這也是尊重；知錯就改，接受老師的批評、教育，這同樣是尊重；積極進取，尊重老師的工作成果，這依然是尊重。

　　當然，認真完成每次作業、積極舉手發言、認真思考、主動參與、靠自己的努力換來理想的成績，獲得更大的進步，這便是對老師辛勤工作的最好回報，也會讓老師感到莫大的欣慰。

　　以良好的心態，嚴格遵守學校的各項規章制度，做一個文雅、懂禮貌、養成良好行為習慣的學生，理解老師、體貼老師，這更是對老師諄諄教誨的最大肯定，也會使老師獲得快樂和滿足。

　　除此之外，在日常生活中，如果有事向老師請教，當我們進辦公室時，也應遵守日常禮節。

　　宋代有位學者叫楊時。一天，他和另一位學者游酢冒著嚴寒，一起去向老師程頤求教。到了那裡，見老師坐在堂上睡著了。

　　為了不打擾老師，他們恭恭敬敬地站在門外等著。過了很久，老師醒來看見楊時、游酢正靜悄悄、畢恭畢敬地侍立在門外，連忙說：「你們二位有什麼事？快請進來吧！」他們這才進門。

第八章　和老師相處的訣竅

　　此時，門外漫天大雪，地上積雪已有一尺多厚，楊時、游酢全身都白了。從此，「程門立雪」就成為尊敬老師的一個故事，而流傳了下來。

　　由此可見，當我們需要進入老師的居所或辦公室時，必須徵得老師同意後，方可進入，這也是傳統的尊師禮儀之一。

　　今天和古代相比，學科更加複雜，學校範圍更大，老師人數也更多。一間辦公室內，往往有多位老師同室辦公。辦公室是老師們靜心工作的地方，隨便進出和打擾，顯然是不禮貌的行為。

　　另外，老師在辦公室內，要處理的事情也很廣，可能在看書，在批改作業，在研究教材，在和家長或學生談心，在擬測驗題和考試卷，也可能在處理其他事情。

　　在這種情況下，如果我們貿然闖進老師的辦公室，不僅有失禮貌，可能還會影響、甚至妨礙老師的工作。因此，進入辦公室前必須敲門，或喊報告，要事先徵得老師同意後，方能進入。

　　老師的辦公桌上和抽屜有許多東西：教科書、參考書、備課本、教學摘記、學生作業本、考試卷、學生的成績紀錄，還有老師的信件、日記、錢和其他物件。雖然東西很多，但安放時一般都是有次序的。當我們進入辦公室時，一定不要亂翻老師的東西。

　　另外，老師有些東西，在一定程度上是保密的。比如，未啟用的試卷，對學生進行教育的摘記，不公開的學生成績……等。若被亂翻而造成洩密，更會造成不良後果。

　　還有，老師有一些純屬私人的東西，像信件、日記、錢物之類，那就更不能亂翻了。如果學生亂翻老師的東西，就是對老師的不尊重、不禮貌，也是自身思想品德欠佳的行為。所以，對老師的東西，學生絕對不能亂翻。

　　當我們向老師問完問題後，還應遵循一定的禮節。向老師告別時，

如果老師話已說完，我們向老師請教的問題也已經得到解決，就應向老師表達理解，並向老師道謝。如果是坐著，我們應起立，把椅子放回原處，而後向老師微微鞠躬和道聲「再見」，然後再離去。

如果老師起立目送我們，我們應請老師坐下；如果老師舉步要送我們出辦公室，我們應請老師留步。絕對不能自顧自跑出辦公室。

要是老師找我們談心，談心已結束，我們應向老師表示：「明白了」、「理解了」或「想通了」。然後問老師：「我可以走了嗎？」當老師同意後，我們才可以道謝後離去。

如果對老師所講的問題，還是無法理解，或還有不同看法，或問題才講到一半，上課的預備鈴已經響了。在這種情況下，應與老師約定繼續談話的時間，然後道謝離去。

如果與老師發生誤解，身為學生的我們，要進行客觀分析，克服感情用事，避免先入為主。要相互體諒，學會替對方著想，做到寬容大度，態度誠懇，及時與老師交流思想，這樣誤解就會迎刃而解，師生關係就會更加密切。

當班級辦活動時，除了班導之外，還可以邀請其他老師參加。這樣做，不僅可以陶冶情操、活躍氣氛，還可增進師生之間的感情交流和相互理解。特別是藝術活動，能夠增加人們內心的道德觀念，使人們產生感情上的共鳴作用，從而可以縮短彼此間的距離。另外，每逢教師節、中秋節、新年等節日，同學們可根據節日的含義，寫給各位老師熱情洋溢的感謝信或送上賀卡，以表達同學們對恩師的感激之情。

請不要把這些歸結為無所謂的小事，不要不屑於身邊的點點滴滴，因為在這點滴小事的背後，包含的正是對健康成長的肯定，更是我們對老師的尊重和感激。

古人云：「師者，如父母也。」這句話的意思是：「老師就像父母一

樣可親可敬。」青少年無論何時何地，都應該做到尊重老師、尊重身邊的每一個人，這樣我們才能得到更多人的認可，才能成為大家都喜歡的陽光青少年。

課堂上的實用攻略

對學生來說，學校是重要的交際場所，遵守課堂紀律是每個人必須做到的，為了讓校園生活過得充實、陽光，在課堂上，千萬不要隨便出醜。

1. 自覺遵守課堂紀律

上課時，衣著要整潔，不要穿拖鞋，不可袒胸露背；不戴帽子、手套。聽課時，要專心致志，不做小動作，聚精會神地聆聽老師講課，認真回答老師提問。

在課堂上，不應該隨便吃東西、喝水、嚼口香糖、聽音樂、玩東西等，更不能隨意離開座位、和同學交頭接耳、打哈欠、睡覺。

至於在課堂上讀課外書、抄作業，乃至與鄰座同學竊竊私語者，也大有人在。為此，這些無視課堂紀律的壞毛病，我們一定要盡快改掉！

2. 正確面對遲到情況

在上課時，應提前進入教室，恭候老師到來，不得遲到。

如果遇到特殊情況，在老師開始上課後才進入教室，我們應該在教室門口停下腳步，喊「報告」；如果教室門關著，那就應先輕輕敲門，要在得到老師的允許後，才能進入教室。

要向老師說明遲到的原因，說話要誠實，態度要誠懇。應在得到老師諒解和允許後，方可入座。在走向座位時，速度要快，腳步要輕，動作幅度要小。

走到座位前，在放書包和拿課本時，盡量不要發出太大的響聲，更

不能有任何滑稽可笑的舉動。在坐下後，應立即將注意力集中，端坐靜聽老師講課。

一般來說，這些基本的課堂紀律，在小學階段就執行得非常好，但隨著進入中學階段，卻有所鬆懈。例如上課遲到的現象，就並非偶然，遲到的同學，往往大搖大擺地走進課堂，也不與教師打招呼，這些都是很不禮貌的。

總之，如果遲到了，要把因自己遲到而對課堂秩序造成的影響，減小到最低限度。

3. 禮貌回答老師提問

老師在上課時向我們提問，是老師檢驗自己教學成果的最迅捷和最直接的方法。透過提問，老師一方面可以了解我們對他執教的內容是否理解和接受，同時，又可以啟發學生的積極思維，讓我們的注意力集中。

而我們的答話，反過來又能啟發老師，達到教學相長的目的。因此，老師提問是一種正當和必要的教學方法。正因如此，每個學生都應懂得教師提問的正面意義，並要正確、禮貌地對待教師的提問。

當老師提問時，如果我們能夠回答，可以先舉手，當老師點到名字時，才可以站起來答題。絕對不要坐在座位上七嘴八舌地發言，在老師未點到自己的名字時，也不要搶先答話。

在起立回答問題時，站姿、表情要大方，不要搔首弄姿或故意做出滑稽的舉動引人發笑。說話聲音要清晰，不要過低，使老師、同學聽不清楚。

有時回答不出老師的提問，但又偏偏被點到名。這時，應該站起來，以抱歉的語調向老師誠實地表達。

在別人回答教師的提問時，不應隨便插話。若別人回答錯誤，或回

答不出時，不要在旁邊譏諷嘲笑。當老師發問「有哪個同學能回答這個問題」時，自己再舉手，在得到老師允許後，站起來回答。

對老師講述的內容有異議時，最好下課後單獨找老師交換意見，共同探討，但盡量不要在無關緊要的細節上糾纏，老師精力不濟時，應主動停止交談，老師如果還有課要上，應留給老師一點休息時間。

在課堂上或公共場合中，如果非提不可，這時，需要特別注意方式，態度要誠懇謙恭，不可無禮，更不可擾亂課堂秩序。

4. 目送老師離開教室

下課鈴響，在聽到老師說「下課」後，班長喊「起立」，應該立即起立站好，對老師行注目禮，師生相互道別，等老師離開教室後，我們再收拾文具用品和自由活動。

唐代文學家韓愈說：「師者，傳道、授業、解惑也。」可見老師的責任很重，理應得到我們的尊重。

上課時，如果學生紀律很好，會使老師得到應有的尊重，於是內心會升起欣慰和親切之感，思路會越講越順，教學水準會發揮到最佳狀態。

反之，當老師在上課時，課堂紀律不好，會讓他覺得自己辛勤工作沒有得到尊重，於是內心會有一種沮喪、失落之感，思路會被打亂，教學效果也會大受影響。

所以，一堂課下來，每位老師的臉上，有著各種不同的表情，有的情緒很好，餘興猶酣；有的情緒很糟，餘怒未息。這種種的表情，與課堂紀律的好壞有直接關係。

韓愈又說：「人非生而知之者，孰能無惑？惑而不從師，其為惑也，終不解矣。」

這裡提醒我們，學生上課的主要目的，就是為了從師而解惑。學生

不遵守課堂紀律，在課堂上出醜，就是對教師的不尊重，又怎能學到知識呢？同時，不遵守課堂紀律，也是對其他同學的不尊重，因為這會影響到別人的學習。

正因為課堂是學生從師解惑的主要場所，所以身為學生的我們，都應遵守課堂紀律，這既是對教師辛勤工作的尊重，也是一種基本禮貌。

拜訪老師的實用技巧

　　身為學生，你去老師家做客過嗎？在去老師家做客時，你都是怎麼做的呢？

　　如果做客時，不注意相關禮節，很容易造成誤會，甚至會影響自己與老師的和諧關係。所以，在登門拜訪老師時，必須遵守必要的禮儀。

　　去老師家前，應事先用電話等方式聯絡，約好時間。這樣既可讓老師在工作或生活上有所安排，也可以使自己不致撲空。

　　與老師約好時間後，應準時前往，不可失約。要是因故無法準時赴約，一定要設法告知，以免老師長久等候和掛念。

　　拜訪老師時，應注意衣著鞋帽的整潔，披頭散髮、衣冠不整是失禮的行為。

　　到達老師的家門前，應先輕輕敲門或按門鈴。待有人應聲開門時，要與開門者打過招呼才能入內，不能貿然闖入。如果是雨天，不可把溼淋淋的雨傘帶進室內；要是老師不在家，可留紙條拜託鄰居向老師轉達。

　　進門後要熱情稱呼所有人，包括老師及其家屬。對老師家屬的尊重，實際上也就是對老師本人的尊重。一般來說，如果拜訪的老師是男性，對其妻子可稱「師母」或「師娘」；如果拜訪的老師是女性，對其丈夫可稱「師丈」。正確的稱呼不僅是尊重的具體展現，也反映我們的文化素養。

　　在拜見老師的過程中，應舉止文雅、彬彬有禮。當老師或其家屬遞來茶杯時，應起立用雙手接茶杯，並道聲「謝謝」。

　　拜見時間不可過長，以免影響老師工作和休息。在告辭時，應向老師及其家屬打招呼和道別。若老師送我們出門，要請老師留步，並再次

道謝和告別。

　　在拜訪老師時，贈送給老師一些小禮物是可以的，尤其是在春節或教師節等有意義的日子，學生登門拜訪時贈送一些照片、賀年卡或相簿等紀念品，都是很有意義的。

　　但應注意，可以送，不等於一定要送，送不送，送什麼，都要根據具體情況以及學生自己的經濟條件來決定。即使要送，也重在心意，重在物品的內在意義。

　　身為學生，不管是去老師家做客，還是去其他同學家做客，都應該講禮貌，懂得尊敬他人。

向老師提問的小技巧

　　身為老師，主要職責就是為學生傳授知識、解答各種疑難問題。那麼，你喜歡向老師提問嗎？你通常選擇用怎樣的方式提問呢？

　　如果懂得怎麼提問，怎麼掌握最好的提問時機，那將會在校園生活中獲得更多的知識。一般來說，以下幾種方法，就非常不錯：

　　課堂提問法：經過預習，遇到問題，在聽課後仍未能搞懂，就可舉手提問。

　　課後提問法：上課時間緊湊，有時沒有機會提問，那麼就得在課後找機會提問。

　　計劃提問法：經過一段時間的學習，把不懂的地方集中起來，有計劃地去向老師提問。

　　身為學生，想在未來的社會舞臺競爭裡不遜於對手，就要在學習過程中向老師大膽問、主動問、不停問。勇於向老師提問，說明我們在學習中善於思考問題、在接受中善於質疑問題、在溫習中善於反省問題。如果能夠把問題一個一個提出來，然後一個一個被解答，學問便悄然在胸中累積。

　　要知道，學習是身心各方面都要協調的過程，老師接收到一個問題，首先不是考量問題本身，而是在力圖破解隱藏在問題背後的根本原因，希望能一次性地把知識點、方法，甚至心理問題都解決，因此在向老師提問時，還需要注意以下幾點。

　　第一，做題後再提問。實踐出真知，在中學階段，真正的學習效果是「做」會的，不是「聽」會的，特別是理科。因此，要盡量避免只請老師講解某道題，而要追求達到觸類旁通的效果。為此應透過親自動筆

做題後，仍有難題不得其解，將問題歸納，再向老師提問，然後舉一反三，使自己得到知識的鞏固和增加。

第二，問題描述方式。描述方式一般有口頭描述和書面描述兩種。

口頭描述對語言表達能力的要求較高，特別是複雜的問題。因此在提問之前，最好先把要提的問題寫出來，念給老師聽，若覺得寫出來很困難，說明我們對要提什麼問題還不夠清晰。

書面描述避開了口頭描述的缺點，但多數老師並不欣賞學生抱著一本參考書，直接問「老師，這道題怎麼解？」，因為這類問題很直接，沒有經過思考，解答這種題目的價值不大，達不到舉一反三的效果。

兩種方式相比，採用口頭描述方式向老師提問最好。有位物理名師的絕招是：要求問問題的學生將題目背出來，背不出就再回到座位背，結果多數學生在背題的過程中，加強了思考，加深了理解，自然而然地解決了問題。

第三，提問方式。提問方式一般有舉手提問和書信提問兩種。

舉手提問，一般只限於老師用簡短幾句話就能解決的問題，因此問題的敘述一定要簡短明確，不可含含糊糊，敘述不清。

不要選擇老師正在集中精力講解的時段，此時會打斷老師的思路，影響全班同學聽講，這是很不禮貌的。如果舉手了，老師又沒有立即給機會，要能理解老師。

提問選擇在老師提示時比較好，比如老師講了一個知識點後，一般會說：「哪位同學不清楚，可以提問。」這時，我們可以大膽地舉手發問。

書信提問，就是將問題寫在紙條上，傳遞給老師，老師自行抽空解答。這種方式操作靈活、問題涉及範圍寬，容易得到老師的重視。

這種方式既可在課堂上使用，也可在課後使用；可以提學科問題，也可以提非學科問題；可以提學生問題，也可以提老師的問題。

　　兩種方式相比，書信提問的方式較好，老師會有充裕的時間準備，課堂上解答不了的，課後一般都會專門抽時間幫我們解答。不過，在用這種方式提問時，最好寫上自己的名字。

　　身為學生，要學會正確的提問，要喜歡提問。這樣，一方面鍛鍊我們與老師交流的技巧；另一方面也使自己學到更多知識，提高自己的學業成績，鍛鍊能力，這是一舉多得的事情。

正確面對老師的批評

「人非聖賢，孰能無過。」我們犯錯後，難免會受到老師的批評。那麼，面對批評，我們該如何正確對待，才能贏得老師的諒解，從而建立和諧的師生關係呢？

一次班會課上，班導談到即將進行的理科考試，要求全班同學一定要認真對待，提前複習，確保人人過關。為了引起大家的重視，班導板起面孔，表情嚴肅。

這時，上次考試沒過關的李大山，正漫不經心地和同桌竊竊私語，儘管聲音很小，還是被火眼金睛的班導發現了。

班導不由得想起上次考試，全班 50 人，只有李大山一人未過關，於是禁不住打開話匣子：「李大山，你還不吸取上次考試不及格的教訓，還想拉你的同桌一起『下水』……你期中考試成績嚴重下滑……」這時，從未被老師當眾批評的李大山，臉如紅布，如坐針氈。

當天下午，在部分同學慫恿下，李大山寫了一張言辭激烈的小紙條，放在班導辦公桌上，全文如下：

「老師：你不該在同學面前批評我，你要知道，我長這麼大，從來沒有人如此批評過我。我有自尊。你今天傷害了我，你應該在全班同學面前，向我公開道歉！」

班導看了小紙條後，心想自己本是出於好意，非但得不到感激，反而招來惡語，氣得說不出話來。一氣之下，再也沒有過問李大山。

其結果是，原本想考最高學府的李大山，因為一直承受著精神壓力，成績直線下降！

身為青少年，在成長的過程中，受到老師和家長的批評，是在所難

免的。如果我們斤斤計較於批評者的態度，並以此作為是否接受批評、改正錯誤的標準，這其實是拿自己的進步當賭注。

想一想，我們是否也有過類似李大山的遭遇？假如老師當眾批評我們，我們該怎麼辦？這時，應該冷靜思考自己的過錯，虛心接受批評，及時改正缺點。這裡有幾招正確面對的方法。

第一招：冷靜思考，認清意圖。

從前面的故事，我們可以看出，李大山的班導儘管舊帳重提，語言偏激，但並無惡意。為此，如果我們是李大山，老師批評自己後，我們應該冷靜思考，認清班導批評的用心良苦，並下決心努力改正，這樣才有可能化壓力為動力。再仔細想想就會知道，凡是批評過我們的人，都是身邊最親近的人。他們的批評，無非是想讓我們做得更好。

第二招：享受批評，吸取教訓。

俗話說：「良藥苦口利於病，忠言逆耳利於行。」良藥包了溫和與委婉的糖衣，固然是美事，但良藥苦口絕不應成為拒絕服用的理由。批評如良藥，雖苦卻有利於治病，切不可計較批評者的態度是否溫和。

試想，老師當眾批評某位同學，說明這個問題非常嚴重。身為當事人的同學，應該吸取教訓，如果能承認錯誤，並欣然接受批評，改正過失，將更有利於學業上的進步。

要知道，那些不被老師關注的學生，是可悲的；那種拒批評於千里之外的做法，是愚蠢的。

批評是一面鏡子，可以照出不為所知的一面。所以，從現在起，讓我們享受批評吧！它有利於健康成長。

第三招：委婉建議，化解矛盾。

老師當眾批評，這種方式也許不妥。但身為學生的我們，應該在合適的場合、恰當的時間，採取有效的方式和老師溝通，切不可得理不饒

第八章　和老師相處的訣竅

人，更不能惡語相向。

受到老師批評時，可以選擇在老師高興時，善意地向他提出合理性建議，也可以用書信的方式向老師表達看法。

記住，不論採用哪種方式，向老師提議的語言都必須懇切、得體，這樣才有利於化解和老師之間的矛盾。

親愛的青少年朋友，平時犯錯並不可怕，可怕的是不認錯，不改過。面對老師批評，只要我們擺正心態，勇於認錯，態度誠懇，一定能得到老師的諒解，創造和諧的師生關係。

老師批評我們，是希望我們做得更好，也堅信我們有能力比現在更好。

如果老師不再批評我們，無非兩種可能：一是我們已經做得很好了，老師不苛求我們；二是我們做得並不好，不過經過若干次接觸，我們屢教不改且不能正視老師批評，他認為我們沒有更好的可能，所以他決定放棄了。這對我們而言，不能不說是一種悲哀。

另外，身為青少年，不光要虛心對待老師的批評，對待其他人善意的批評也應該持感激態度。因為有人批評我們，意味在其心目中，我們占有一定的位置，他是希望我們能做得更好。

而有些人之所以不批評我們，只不過是他們覺得，我們好也罷，壞也罷，和他們毫不相干，所以才選擇沉默。

在社會中，圓滑世故被眾人奉為處世寶典，批評就更難能可貴了。表揚、鼓勵只能滿足一時虛榮，而批評卻能令我們警醒，並幫助我們找到自己的成長點和提升空間。這樣看來，表揚很受用，批評很實用。

所以，無論何時，都需要傾聽身邊人的批評，至於如何回應，就需要用胸懷、智慧、膽識去判斷了。

只要能正確面對批評，並用虛心的態度改正缺點，我們才能在未來的人生路上越走越好，並離陽光青少年的標準越來越近。

「社恐人」也可以站C位的日常交際術！

輕鬆表達、化解尷尬、打打圓場、幽默應對……就算你是天生內向，也可以用這本書讓交際變成你的強項！

編　　著：吳載昶，王金峰

發 行 人：黃振庭

出 版 者：財經錢線文化事業有限公司

發 行 者：財經錢線文化事業有限公司

E-mail：sonbookservice@gmail.com

粉 絲 頁：https://www.facebook.com/
　　　　　sonbookss/

網　　址：https://sonbook.net/

地　　址：台北市中正區重慶南路一段六十一號八
　　　　　樓 815 室

Rm. 815, 8F., No.61, Sec. 1, Chongqing S. Rd.,
Zhongzheng Dist., Taipei City 100, Taiwan

電　　話：(02)2370-3310

傳　　真：(02)2388-1990

印　　刷：京峯數位服務有限公司

律師顧問：廣華律師事務所 張珮琦律師

定　　價：399 元

發行日期：2024 年 01 月第一版

◎本書以 POD 印製

國家圖書館出版品預行編目資料

「社恐人」也可以站 C 位的日常交
際術！輕鬆表達、化解尷尬、打打
圓場、幽默應對……就算你是天生
內向，也可以用這本書讓交際變
成你的強項！/ 吳載昶，王金峰 編
著 . -- 第一版 . -- 臺北市：財經錢
線文化事業有限公司 , 2024.01
面；　公分
POD 版
ISBN 978-957-680-703-9(平裝)
1.CST: 社交技巧 2.CST: 人際傳播
3.CST: 人際關係
192.3　　112020290

電子書購買

臉書

爽讀 APP